U0649481

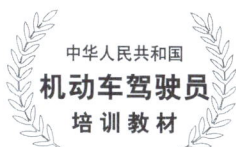

Daolu Lüke Yunshu Jiashiyuan
Congye Zige Peixun Jiaocai

道路旅客运输驾驶员
从业资格培训教材

交通运输部职业资格中心　组织编写

人民交通出版社股份有限公司

北　京

内 容 提 要

本书依据《道路旅客运输驾驶员从业资格培训教学大纲》和《道路旅客运输驾驶员从业资格考试大纲》编写而成，内容包括道路旅客运输驾驶员的社会责任与职业道德、职业心理与职业健康，道路旅客运输从业相关法律法规、专业知识，安全与应急处置，汽车使用技术，以及应用能力等内容。

本书适合道路旅客运输驾驶员从业资格培训使用。

图书在版编目（CIP）数据

道路旅客运输驾驶员从业资格培训教材 / 交通运输
部职业资格中心组织编写 . — 北京：人民交通出版社股
份有限公司, 2021.3
　　ISBN 978-7-114-16387-6

　　Ⅰ . ①道… 　Ⅱ . ①交… 　Ⅲ . ①道路运输—客货运输—
驾驶员—技术培训—教材 　Ⅳ . ① U471.3

中国版本图书馆 CIP 数据核字（2020）第 038410 号

书　　　名：**道路旅客运输驾驶员从业资格培训教材**
著 作 者：交通运输部职业资格中心
责任编辑：董　倩　林宇峰
责任校对：孙国靖　宋佳时
责任印制：张　凯
出版发行：人民交通出版社股份有限公司
地　　址：（100011）北京市朝阳区安定门外外馆斜街 3 号
网　　址：http://www.ccpcl.com.cn
销售电话：（010）85285857
总 经 销：人民交通出版社股份有限公司发行部
经　　销：各地新华书店
印　　刷：北京市密东印刷有限公司
开　　本：787×1092　1/16
印　　张：6.25
字　　数：138 千
版　　次：2021 年 3 月　第 1 版
印　　次：2025 年 8 月　第 11 次印刷
书　　号：ISBN 978-7-114-16387-6
定　　价：40.00 元
（有印刷、装订质量问题的图书，由本公司负责调换）

编写委员会

前　言

　　道路运输在交通运输体系中具有举足轻重的地位，而道路客货运输驾驶员作为运输服务的直接提供者和运输生产的具体实施者，为我国交通运输和经济社会发展做出了重要贡献。我国道路客货运输驾驶员已超过 1600 万人，形成了一支数量较为庞大、具有一定专业技能的驾驶员队伍。但是我国仍处于道路交通事故多发期，且驾驶员安全意识淡薄、违法驾驶和驾驶操作不规范是引发交通事故的主要原因。因此，切实加强对驾驶员的培训和从业资格管理，有利于推进道路运输行业规范、稳定、健康发展，是实现道路运输安全源头管理的关键。

　　为进一步提高道路客货运输驾驶员队伍的综合素质，保障运输安全，改善运输服务质量，2020 年，交通运输部职业资格中心依据《道路旅客运输及客运站管理规定》（交通运输部令 2020 年第 17 号）和《交通运输部办公厅关于做好道路货物运输驾驶员从业资格考试制度改革有关工作的通知》（交办运〔2020〕66 号）的有关规定，并结合道路运输行业发展面临的新形势和新要求，在《道路客货运输驾驶员从业资格培训教材》（2012 年版）的基础上，编写了《道路旅客运输驾驶员从业资格培训教材》和《道路货物运输驾驶员从业知识培训教材》。

　　《道路旅客运输驾驶员从业资格培训教材》以"安全驾驶、应急处置"为重点，注重法规知识和应用能力的双重解读；表述形式通俗易懂，图文并茂，重点章节辅以典型案例，具有较强的实用性、科学性和可读性，对学员充分掌握道路旅客运输专业知识以及提高自身职业素养具有积极的作用。

限于编者的经历和水平，书中难免有不妥或错误之处，敬请批评指正，提出修改意见和建议，以便修订时改正。

编写委员会
2021 年 2 月

Contents 目录

第一章

道路旅客运输驾驶员的社会责任
与职业道德、职业心理与职业健康

道路旅客运输驾驶员（以下简称客运驾驶员）的社会责任、职业道德与职业心理，直接关系到道路运输安全与服务品质。客运驾驶员的职业具有流动分散作业、服务对象层次多、环境复杂多变、意外和危险因素多的特点，因此其自身的社会责任、职业道德、职业心理及职业理念显得尤其重要。

第一节 道路旅客运输驾驶员的社会责任与职业道德

客运驾驶员的社会责任和职业道德是一个不可忽视的社会问题，直接影响到道路运输的兴衰与发展。提高客运驾驶员的整体素质，关键是要培养其社会责任和良好的职业道德。

一 社会责任

客运驾驶员要以一种有利于社会的方式进行道路运输和经营，承担相应的法律和经济义务，安全驾驶、文明行车、规范经营、优质服务、节能环保、诚实守信，对社会整体承担责任，为社会创造价值。从长远看，社会责任与经济效益之间是相辅相成的，只有社会责任感强的客运驾驶员，才能为企业、个人创造更多的经济价值。

1. 社会责任感

客运驾驶员的社会责任感与道路运输安全息息相关，确保行车、运输安全是客运驾驶员承担的一项重大的社会责任。

安全意识是客运驾驶员社会责任的核心，行车安全与驾驶技术是客运驾驶员履行社会责任的基础，客运驾驶员不遵守道路交通安全法规，是缺乏社会责任感的具体表现。客运驾驶员在运输过程中发现有不法分子翻动旅客行李，及时拨打报警电话，并巧妙停车等待警察到来的行为，说明其具有高度的社会责任感。

"最美司机"吴斌在突然身受重伤的情况下坚持完成安全停车动作，保证旅客人身安全，他的行为具有高度的社会责任感，始终把旅客安全放到第一位，体现

了"旅客至上、安全第一"的良好职业道德、心理素质和应急处置能力。

> **案例**
>
> 　　王静是一名普通的公交驾驶员，从业20多年，安全行驶58.95万公里，节油4.53万升、行驶40万公里发动机无大修；先后获得全国"五一"劳动奖章、十大明星公交司机、六十位"新中国成立以来感动交通人物"等多项荣誉。她的职业经历说明，社会欢迎有责任感的优秀驾驶员，驾驶员立足岗位、节能减排同样是社会责任的要求，安全行车是驾驶员社会责任的核心。

2. 责任和义务

　　客运驾驶员应承担的社会责任包括遵章守法、维护交通秩序，保证旅客、行包安全，节能减排、保护环境，为旅客提供优质服务。客运驾驶员在运输中始终把旅客生命财产安全放在第一位，安全驾驶，文明行车，符合社会责任要求。客运驾驶员不断深化认识并积极履行自己的社会责任，有利于促进道路运输行业健康发展、保证自身和他人生命财产安全、减少环境污染、节约能源，为企业创造更多经济利益。

> **案例**
>
> 　　大连市公共汽车联营公司702路422号双层客车驾驶员黄志全在行车途中突发心脏病。在生命的最后一分钟他把车缓缓停在路边，用最后的力气拉起驻车制动器操纵杆，把车门打开让乘客安全下车。最后，他趴在转向盘上停止了呼吸。黄志全的行为说明，他具有高度的社会责任感，把乘客的生命财产安全放在第一位，具备良好的应急处理能力。

　　客运驾驶员不仅要保证本车的行车安全，更重要的是保证其他交通参与者的安全，树立"安全第一、珍爱生命"的理念，例如客运驾驶员要严格执行安全告知制度，要求旅客系好安全带，旅客携带危险品时拒绝运输，只有对其他交通参与者负责才能真正保证行车安全。

案例

一辆核载35人的双层卧铺客车，在开往湖南长沙途中，驾驶员沿途随意揽客，致实际载客47人。客车行驶至京珠高速公路某一路段时，一位旅客携带的易燃化学品发生爆燃，造成41人死亡、6人受伤。该事故的直接原因是旅客携带易燃品上车及客车严重超员，驾驶员不遵章守法、没有社会责任感、疲劳驾驶。

二 职业道德

客运驾驶员的职业道德与行车安全有着密切关系。良好的职业道德，必然会给社会和企业带来较高的经济效益。良好的职业道德要求驾驶员在道路运输活动中要做到依法行车、安全礼让、规范操作、有序通行。客运驾驶员酒后驾驶、发生道路交通事故后逃逸、开故障车、疲劳驾驶、长时间占用快车道行驶、夜间会车使用远光灯、占用应急车道行车等，都是缺乏职业道德的具体表现。

为了行车安全，客运驾驶员要经常保持平和的心态，做到宽容、大度、忍让。客运驾驶员职业道德的总体要求是爱岗敬业、遵纪守法，诚实守信、办事公道，服务群众、奉献社会。客运驾驶员应平稳驾驶、妥善保管货物、避让有优先通行权的车辆、遇道路拥堵时耐心有序跟车、不具备会车条件时停车让对向来车先行、旅客无理取闹时耐心解释、发生事故及时将旅客转

移到安全地带等，都是良好职业道德的具体表现。

1. 遵章守法

遵章守法要求客运驾驶员在运输过程中，严格按道路运输相关法规安全运输，自觉遵守企业的各项规章制度，遵守驾驶员安全操作规范，行车前认真执行安全告知制度。不超速，不疲劳驾驶，不频繁变换车道，不开"违法车""英雄车""斗气车"，保持良好的驾驶作风和职业习惯，加强自身修养和良好个性心理的养成，保障乘客安全、货物完好无损地到达目的地。

2. 依法营运

客运驾驶员从事道路运输，首先是要

依法取得道路运输经营许可证，即经营主体合法。其次是要按照法律、法规、规章和规范依法从事道路运输经营活动，即经营行为合法。取得合法经营许可后，严格按照法定的条件和经营行为规范开展经营活动，做到保证乘客的人身安全。

3. 诚实守信

诚实守信是道路运输活动中最可贵的理念，客运驾驶员只有做到了诚实守信，才能赢得旅客的信任和社会的认可。

诚实守信要求客运驾驶员按照规定的时间、路线运输，确保旅客安全准时到达目的地。客运驾驶员要认真遵守旅客运输各项规定，满足旅客正当需求，需要绕道时及时和旅客沟通。

4. 公平竞争

公平竞争是客运驾驶员积极参加培训，提高服务水平，在招揽乘客时，要依照统一规则，通过提高自己的服务标准和

管理理念等手段参与竞争，如客运驾驶员为老幼病残孕等特殊旅客提供方便，主动向旅客提供最新乘车信息等做法，都是符合公平竞争要求的。

5. 优质服务

优质服务是客运驾驶员在运输服务中，遵循工作准则，根据乘客的实际需求提供规范、安全、优质、及时的运输服务，满足广大乘客日益增长、不断变化的乘车需求。客运驾驶员运输活动中要服务周到、热情，真诚对待旅客，主动为老年人找座位，在运输中始终使用规范语言，微笑礼貌待客服务，通过不平坦道路时提醒旅客坐稳扶好，旅客下车时提醒其注意安全。

6. 规范操作

客运驾驶员要确保行车安全，提高运输效率和经济效益，必须掌握过硬的安全驾驶技能和丰富的专业知识，严格遵守安

全操作规程。出车前做好日常维护、安全检视，行车中、收车后对车辆进行安全检查。行车中，严格遵守道路安全法律、法规的有关规定，系好安全带，自觉遵守道路交通信号，安全行车。

第二节　道路旅客运输驾驶员的职业心理与职业健康

客运驾驶员驾驶车辆运输过程中的心理活动与安全行车有着密切的关系，运输中驾驶员保持良好的心态，是预防交通事故的重要前提。心理健康、心态良好的客运驾驶员，在行车中一般会注意力集中、判断准确。若不能及时调整心理波动或者异常情绪状态，极容易导致发生交通事故。

一 驾驶员的职业心理

客运驾驶员了解心理状态对运输安全的影响，及时纠正不良的心理，有意识地养成良好的心理素质，保持健康的心理状态，是预防道路运输事故的重要前提。积极、谨慎的心理状态有利于行车安全，驾驶员行车时的宽容忍让有利于保证行车安全和运输安全。驾驶员不健康的心理包括急躁心理、好胜心理、赌气心理、随众心理、麻痹心理、负重心理等，这些都是引发道路交通事故的主要因素。

1. 急躁心理

客运驾驶员的急躁心理，不利于提高运输效率，容易导致交通事故。驾驶员的

急躁心理会导致开快车、强行超车、频繁变更车道等危险行为。驾驶员在运输过程中应谨慎驾驶，提前预见危险，切忌急躁心理。

2. 自满心理

客运驾驶员出现自满心理，自认为驾驶经验丰富，往往会形成一些违法驾驶习惯，导致驾驶员炫耀比拼车技、长时间单手握转向盘、开车接听手机、开"英雄车"等行为，容易导致道路交通事故发生。驾驶员在运输过程中感到沾沾自喜时，要及时自省，提醒自己集中注意力驾驶，始终把安全放在第一位。

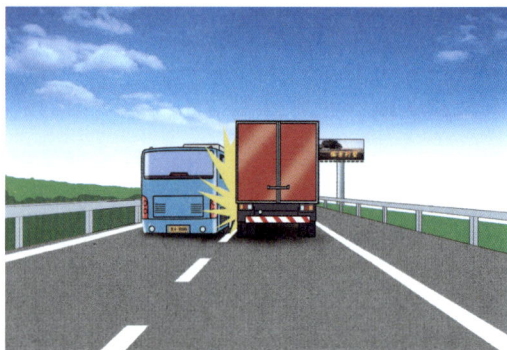

3. 好胜心理

客运驾驶员的好胜心理是心理不成熟的表现之一，主要表现在驾驶车辆时无视法律法规，强行超车、会车抢行，遇到别人争道抢行的不文明行为，容易和他一较高下，教训他的不文明行为，一旦遇到紧急情况又会措手不及。驾驶员在运输过程中遇别人占道行驶及其他不友好行为时，需杜绝好胜心理，要心平气和、宽容忍让，安全完成运输任务。

5. 麻痹心理

客运驾驶员的麻痹心理，会使其安全敏感性降低，容易忽视道路上关键的安全细节，会导致其以为车辆安全性能好而不实行车辆三检制度、忽视交通风险情况借对向车道超车、在加油站加油时不让旅客下车等存在安全隐患的行为。驾驶员在运输过程中，要时刻提醒自己谨慎行车，避免麻痹大意心理。

4. 赌气心理

客运驾驶员的赌气心理，会使其把注意力集中在报复行为上，一旦有不良驾驶行为影响到自己，往往采取强行超车挤压对方、不让加塞车辆、开远光灯对射等极端措施，往往会引发道路交通事故。驾驶员在遇到容易惹怒自己的不愉快事情时，为了有利于运输安全，要善于克制自己的情绪，沉稳谨慎，避免极端行动。

6. 侥幸心理

客运驾驶员的侥幸心理容易使其产生违法行为，如驾驶故障车上路、交叉路口闯红灯、高速公路随意停车、感到疲劳勉强继续驾驶、无交通信号灯控制路口转弯加速抢行通过等。侥幸心理是运输安全的极大隐患。客运驾驶员在运输过程中，要遵守操作规程和交通法规，避免侥幸心理。

7. 随众心理

客运驾驶员的随众心理主要表现为心理上对他人行为的追随和迎合，对自己的宽慰和谅解。随众心理会导致其跟随其他车辆占用应急车道行驶、超速行驶，在拥堵路口、路段、事故现场跟随其他车辆抢行、加塞等。客运驾驶员要避免"法不责众"的想法，克服随众心理，文明驾驶。

8. 寄托心理

客运驾驶员的寄托心理，使其把自己的安全和顺利通行寄托在其他交通参与者身上，从而导致见对向有来车时仍借道超车、在有障碍路段高速会车、见十字路口有行人正在通过时继续高速行驶，一旦其他交通参与者并未采取正当措施或避让，后果可想而知。客运驾驶员要杜绝寄托心理，采取防御性驾驶，正确判断其他车辆动态，提前做好避让准备。

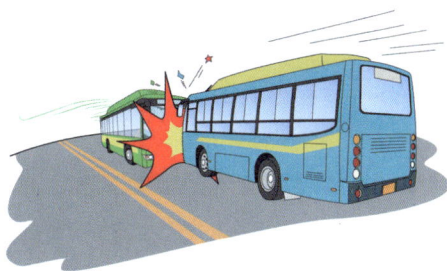

9. 负重心理

客运驾驶员在工作、家庭、生活、婚姻等方面出现问题或者不如意时，会导致思想负担过重、精神压力大、情绪低落、思维迟钝的负重心理，造成精力分散，注意力不集中，有时会处于苦思冥想的状态，遇到紧急情况极易发生交通事故。客运驾驶员要主动调控自己的心理状态，解除思想压力，卸下包袱，集中精力，安全驾驶。

二 驾驶员的心理调节

客运驾驶员做好心理调节，保持良好的精神面貌和稳定的心理状态，有利于身心健康和行车安全。

1. 情绪稳定的调节

客运驾驶员在道路运输过程中，要学会保持心理的稳定，及时调整心态，善于自我调节、缓解消极情感、避免过激的心理活动。驾驶员情绪低落、心神不定时，应急反应能力会降低，出现紧张焦虑、伤

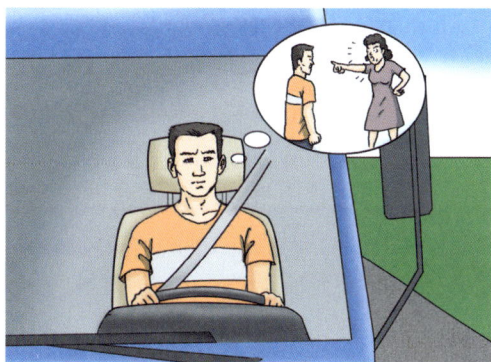

感抑郁、兴奋激动等情绪时，不利于运输安全。如，驾驶员与家人争吵后情绪激动，此时出车会影响运输安全。

驾驶员遇情绪不良时，可以利用一些警示语提醒自己，如"宁停三分、不抢一秒""安全是福、超速是祸""马达一响、集中思想"等。出现不利于安全运输的异常情绪时，要克服情绪影响，集中注意力驾驶，调整心态，放松心情；感觉自己情绪波动很大时，及时选择安全地点停车，待情绪稳定后继续行驶。

2. 心理压力的调节

客运驾驶员本身要注意调节心理压力，提高心理承受力和应激力。调节心理压力的方法有：保持良好的人际关系，阅读励志书籍，培养健康的兴趣爱好，保证充足的睡眠。行车中保持健康平稳的心理状态，把其他交通参与者当作伙伴，有效地消除精神和身体上的疲劳，可大大减轻心理压力。

3. 保持良好的心理状态

客运驾驶员心理特征变化是受人的心情、环境影响所表现出的不同的心理反应，运输过程中保持良好的心态，是预防道路交通事故的重要前提。良好的心理状态要靠驾驶员自身去调节，平时要加强专业知识学习、扩充知识面，规律作息，保证充足睡眠，合理饮食、营养均衡，适度运动，这些做法都有利于驾驶员心理健康。

客运驾驶员在运输过程中，要保持良好的意志品质和心态。如，遇到紧急情况时头脑冷静、措施果断，在道路拥堵时按顺序通行，遇到其他车辆抢行时及时调整心态、宽容忍让，始终保持良好的心理状态，才能保证运输安全。

三 驾驶员的职业保健

客运驾驶员的不良职业环境以物理性有害因素居多，如长时间同一体位、振动、作息时间不规律等，也有如燃油、其他油料等化学性有害因素。因此，需从工作和生活两个方面来维护自己的健康，加强职业保健。

1. 预防各种常见病

客运驾驶员长时间在固定的位置循环操作，如果不注意预防，容易患上颈椎和消化系统等常见病。预防颈椎病的做法是座椅位置和高度合适、正确调整头枕的高度、保持正确的驾驶姿势、停车休息时活动颈部。预防胃病的做法是合理安排行程，定时适量饮食，少吃刺激性、生冷、不易消化等食物，保持情绪稳定，避免精神过度紧张，慎用对胃黏膜有损伤的药物。

2. 预防驾驶疲劳

客运驾驶员长时间在驾驶室内工作，车内空气质量差，如果长时间坐姿不良、行车时间过长、睡眠不足，容易导致驾驶疲劳。一旦出现驾驶疲劳，会导致驾驶员注意力分散、判断力降低、操作失误增加，安全性变差。驾驶员要使用各种方法保持清醒，可以通过在停车休息时活动肢体、眺望远方、喝一杯咖啡、小睡片刻等方法缓解驾驶疲劳。

3. 注意药物的副作用

客运驾驶员服用对神经系统有影响的药物，会引起听力、视力、注意力减退，反应及操控能力下降，动作准确性下降，继续驾驶运输车辆极易发生交通事故。因此，驾驶员服用镇静剂、止痛药、催眠药、兴奋剂等影响神经系统的药物后，不宜进行道路运输活动。

第二章　道路旅客运输从业相关法律法规

道路旅客运输从业相关法律法规、规定和标准包括《安全生产法》《中华人民共和国道路交通安全法》（以下简称《道路交通安全法》）、《中华人民共和国道路交通安全法实施条例》（以下简称《道路交通安全法实施条例》）、《道路运输条例》《机动车驾驶证申领和使用规定》《道路运输从业人员管理规定》《道路运输驾驶员诚信考核办法》《道路运输驾驶员继续教育办法》《汽车维护、检测、诊断技术规范》等。

第一节　道路旅客运输相关法律

与道路运输从业人员相关的法律法规有《安全生产法》《道路交通安全法》《道路交通安全法实施条例》《道路运输条例》等，这些法律法规对道路运输从业人员的权利与义务、法律责任都作出了明确的规定。客运驾驶员作为道路运输的从业人员，应该熟知法律法规的相关内容，认真履行自己的权利和义务。

一　道路旅客运输驾驶员的权利和义务

《安全生产法》制定的目的是为了加强安全生产监督管理，防止和减少生产安全事故，保障人民生命和财产安全，促进经济发展。《安全生产法》明确了安全生产领域从业人员享有的权利、应尽的义务及所应承担的法律责任，确定了安全生产管理应坚持"安全第一，预防为主"的方针。

1. 从业人员的权利

《安全生产法》规定，生产经营单位与从业人员订立的劳动合同，应当载明有关保障从业人员劳动安全、防治职业危害的事项，以及依法为从业人员办理工伤保险的事项。道路运输企业要依法为客运驾驶员缴纳养老、医疗、工伤保险。

《安全生产法》规定，生产经营单位不得以任何形式与从业人员订立协议，免除或减轻其对从业人员因生产安全事故伤亡依法应承担的责任。例如，道路运输企业主要负责人王某在与驾驶员签订合同时注明"发生交通事故，个人承担责任"的条款，根据《安全生产法》规定，本条款无效。

《安全生产法》规定，从业人员有权了解其作业场所和工作岗位存在的危险因素、防范措施及事故应急措施。有权对本单位的安全生产工作提出建议。有权批评、检举、控告本单位安全生产工作存在的问题。例如，小张向安监部门举报自己所在企业不按规定进行车辆维护；根据《安全生产法》，他行使的是对安全生产隐患进行批评、检举和控告的权利。生产经营单位不得因从业人员对本单位安全生产工作提出批评、检举、控告或者拒绝违章指挥、强令冒险作业而降低其工资、福利等待遇或者解除与其签订的劳动合同。根据《安全生产法》，客运驾驶员可以对运输企业长期存在的超员行为进行批评、检举、控告。

《安全生产法》规定，生产经营单位的从业人员发现直接危及人身安全的紧急情况时，有权停止作业或者在采取可能的应急措施后撤离作业现场。生产经营单位不得因从业人员在危及人身安全的紧急情况下停止作业或者采取紧急撤离措施，而降低其工资、福利等待遇或者解除与其订立的劳动合同。因生产安全事故受到损害的从业人员，除依法享有工伤社会保险外，依照有关民事法律尚有获得赔偿权利的，有权向本单位提出赔偿要求。根据《安全生产法》，客运驾驶员有权获得工伤保护和民事赔偿。

2. 从业人员的义务

《安全生产法》规定，从业人员要接受安全生产教育和培训。在从业过程中，要严格遵守本单位的安全生产规章制度和操作规程，服从管理，正确佩戴和使用劳动保护用品。从业人员发现事故隐患或者其他不安全因素，必须立即向现场安全生产管理人员或者本单位负责人报告。生产经营单位发生安全生产事故后，事故现场有关人员要立即报告本单位负责人。

3. 处罚

《安全生产法》规定，生产经营单位的从业人员不服从管理，违反安全生产规章制度或者操作规程，由生产经营单位给予批评教育，依照有关规章制度给予纪律处分。造成重大事故，构成犯罪的，依法追究刑事责任。

二 生产安全事故分类

《生产安全事故报告和调查处理条例》根据生产安全事故造成的人员伤亡或者直接经济损失多少，把生产安全事故分为一般事故、较大事故、重大事故和特别重大事故。

1. 一般事故

根据《生产安全事故报告和调查处理条例》，造成3人以下死亡，或者10人以下重伤，或者1000万元以下直接经济损失的事故，为一般事故。

2. 较大事故

根据《生产安全事故报告和调查处理条例》，造成3人以上10人以下死亡，或者10人以上50人以下重伤，或者1000万元以上5000万元以下直接经济损失的事故，为较大事故。

3. 重大事故

根据《生产安全事故报告和调查处理条例》，造成10人以上30人以下死亡，或者50人以上100人以下重伤，或者5000万元以上1亿元以下直接经济损失的事故，为重大事故。

4. 特别重大事故

根据《生产安全事故报告和调查处理条例》，造成30人以上死亡，或者100人以上重伤，或者1亿元以上直接经济损失的事故，为特别重大事故。

（三）客运车辆和驾驶员的相关法律规定

《道路交通安全法》及其实施条例中规定了客运车辆和驾驶员的相关规定，以及客运驾驶员违法行为应承担的责任。

1. 车辆管理规定

《道路交通安全法》规定，登记后上道路行驶的机动车，应根据车辆用途、载客载货数量、使用年限，进行安全技术检验。公安机关交通管理部门对符合国家安全技术标准的机动车，应当发给检验合格标志。登记后上道路行驶的机动车，要依照法律法规规定，定期进行安全技术检验。

《道路交通安全法实施条例》规定，机动车必须在车前、车后指定位置悬挂号牌。注册登记后的营运载客汽车5年内每年检验1次。超过5年的，每年检验2

次。例如，2010年注册登记的营运载客汽车，2012年应进行1次安全技术检验；2010年注册登记的营运载客汽车，2018年应进行2次安全技术检验。注册登记后的大中型非营运载客汽车10年以内检验1次。

根据《道路交通安全法》，我国对报废机动车实行强制报废制度，根据机动车的安全技术状况和不同用途，规定不同的报废标准。报废的机动车必须及时办理注销登记，不得继续上道路行驶。报废的大型客车应当在公安机关交通管理部门的监督下解体。

2. 驾驶员管理规定

《道路交通安全法》规定，驾驶员必须按照驾驶证载明的准驾车型驾驶机动车。《道路交通安全法实施条例》规定，公路载客汽车在载客人数已满的情况下，允许再搭乘的免票儿童不得超过核定载客人数的10%；机动车载人不得超过核定的人数，载客汽车可以载货的位置是行李舱、行李架；机动车驾驶员实习期间不可以驾驶公共汽车、营运客车、危险品运输车。

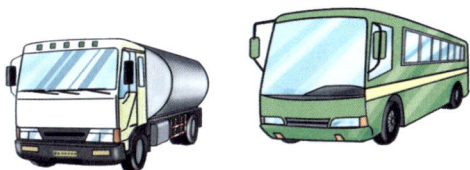

3. 处罚

《中华人民共和国刑法》规定，违反交通运输管理法规发生重大事故，致人重伤、死亡的，处3年以下有期徒刑或拘役。发生交通肇事后逃逸的，处3年以上7年以下有期徒刑。发生交通肇事后逃逸致人死亡的，处7年以上有期徒刑。

《道路交通安全法》规定，违反道路交通安全法律法规的规定，发生重大交通事故，构成犯罪的，将依法追究刑事责任，其机动车驾驶证将被吊销。违反道路交通安全法律法规的规定，造成交通事故后逃逸的，其机动车驾驶证被吊销后终身不得重新取得。

《道路交通安全法》规定，饮酒后驾驶营运机动车，处15日拘留，并处5000元罚款，吊销机动车驾驶证，5年内不得重新取得机动车驾驶证。醉酒驾驶营运机动车的，由公安机关交通管理部门约束至酒醒，依法追究刑事责任，吊销机动车驾驶证，10年内不得重新取得机动车驾驶证，终身不得驾驶营运机动车。饮酒后或者醉酒驾驶机动车发生重大交通事故，构成犯罪的，依法追究刑事责任、吊销机动车驾驶证、终生不得重新取得机动车驾驶证。

案例

2012年10月，小赵饮酒后驾驶营运机动车被查处，他的机动车驾驶证随即被吊销，根据《道路交通安全法》规定，他可以于2017年10月之后重新申领机动车驾驶证。

案例

2010年4月，小王饮酒后驾驶机动车发生重大交通事故，被依法追究刑事责任，根据《道路交通安全法》规定，他在刑满释放后终生不得重新考取机动车驾驶证。

《道路交通安全法》规定，持有大型客车、牵引车、城市公交车、中型客车、大型货车驾驶证的驾驶员有下列情形之一的，将被注销其最高准驾车型驾驶资格，并要办理降级换证手续：

（1）发生交通事故造成人员死亡，承担同等以上责任，未构成犯罪；

（2）在一个记分周期内有记满12分的记录；

（3）机动车驾驶证被暂扣；

（4）连续3个记分周期不参加审验。

《道路交通安全法》规定，公路客运车辆超过额定乘员不到20%的，处以200元以上500元以下罚款。公路客运车辆超过额定乘员20%以上的，处以500元以上2000元以下罚款。

《道路交通安全法实施条例》规定，载客汽车载客超过额定乘员的，公安机关交通管理部门将依法扣留机动车。载客汽车载客超过额定乘员，需要将超载的乘员转运时，费用由超载客车驾驶员或车辆所有人承担。

根据《机动车驾驶证申领和使用规定》，机动车驾驶员出现下列行为时，一次记12分：

（1）驾驶与准驾车型不符的机动车；

（2）驾驶中型以上载客汽车在高速公路、城市快速路上行驶超过规定时速20%以上的；

（3）驾驶中型以上载客汽车在高速公路、城市快速路以外的道路上行驶超过规定时速50%以上的；

（4）驾驶其他机动车行驶超过规定时速50%以上的；

（5）驾驶机动车在高速公路上倒车、逆行、穿越中央分隔带掉头；

（6）未取得校车驾驶资格驾驶校车；

（7）驾驶营运客车在高速公路车道内停车；

（8）驾驶营运客车（不包括公共汽车）、校车载人超过核定人数20%以上的；

（9）连续驾驶中型以上载客汽车、危险物品运输车辆超过4小时未停车休息或者停车休息时间少于20分钟的；

（10）使用伪造、变造的机动车号牌、行驶证、驾驶证、校车标牌或者使用其他机动车号牌、行驶证的；

（11）饮酒后驾驶机动车的；

（12）造成交通事故后逃逸，尚不构成犯罪的；

（13）上道路行驶的机动车未悬挂机动车号牌的，或者故意遮挡、污损、不按规定安装机动车号牌的。

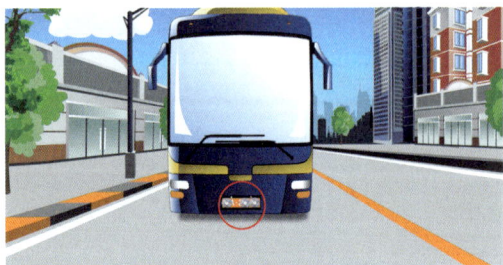

（四）道路旅客运输经营许可与经营行为

《道路运输条例》中规定了对道路旅客运输的许可、经营行为，明确了道路运输经营和相关业务的范围，国内外经营管理规定和法律责任。从事道路运输经营以及道路运输相关业务，要坚持依法经营、诚实守信、公平竞争的原则。道路运输管理，要坚持公平、公正、公开和便民的原则。鼓励道路运输企业实行规模化、集约化经营，任何单位和个人不得封锁或者垄断道路运输市场。

1. 经营许可相关规定及内涵

《道路运输条例》规定，国务院交通运输主管部门主管全国道路运输管理工作；县级以上地方人民政府交通主管部门负责组织领导本行政区域的道路运输管理工作。取得国际道路运输经营许可后，需向交通运输部备案。

根据《道路运输条例》规定，申请从事县内客运经营，应该向县级道路运输管理机构提出。申请从事市内的客运经营，应该向设区的市级道路运输管理机构提出。例如，申请从事从云南曲靖到广东的跨省客运经营，应该向云南省的省级道路运输管理机构提出。申请从事国际道路运输，应该向省、自治区、直辖市道路运输管理机构提出。

2. 经营行为相关规定及内涵

道路运输从业人员要遵守道路运输操作规程，不得违章作业。客运驾驶员进行道路运输时应随车携带道路运输证，不得伪造道路运输证，道路运输证不得转让、出租。违反《道路运输条例》行为处罚的方式有没收违法所得、罚款、警告、吊销许可证、没收非法财物。

道路客运经营者要加强对从业人员的安全教育、职业道德教育。加强对车辆的维护和检测，确保车辆符合国家规定的技术标准，必须使用符合国家规定标准的车辆从事道路运输经营；不得使用报废的、擅自改装的和其他不符合国家规定的车辆从事道路运输经营。

道路客运经营者要制定有关交通事故、自然灾害以及其他突发事件的道路运输应急预案。应急预案包括报告程序、应急指挥、应急车辆、应急物资的储备以及

应急处置措施等内容。道路客运经营者必须为旅客投保承运人责任险。发生交通事故、自然灾害以及其他突发事件，要服从县级以上地方人民政府或者有关部门的统一调度、指挥。

生产（改装）客运车辆的企业要按照国家规定，标定车辆的核定人数，严禁多标或者少标车辆的核定人数或者载质量。

我国的国际道路运输经营者应在投入运营的车辆的显著位置，张贴中国国籍识别标志。外国的国际道路运输经营者的车辆在我国境内运输，要张贴本国国籍识别标志。例如，河北籍的企业经营国际道路运输，其投入运营的车辆上应有中国国籍的识别标志。俄罗斯籍的企业经营从俄罗斯到我国境内的道路运输，其车辆上应有俄罗斯国籍的识别标志。

第二节 道路旅客运输相关规定

道路旅客运输相关规定有《道路旅客运输及客运站管理规定》《道路从业人员管理规定》等，这些规定对道路旅客运输管理、运输企业经营、从业人员等都作出了明确的规定，道路旅客运输驾驶员应该熟知规定的相关内容。

一 道路旅客运输管理

道路旅客运输管理的宗旨是"以人为本，安全第一"。国家对道路客运企业实行等级评定制度和质量信誉考核制度，鼓励道路客运经营者实行规模化、集约化、公司化经营，禁止挂靠经营。

1.道路旅客运输许可

根据《道路旅客运输及客运站管理规定》，申请从事客运经营的必备条件是要有与经营业务相适应并经检测合格的客车。依法向市场监督管理部门办理有关登记手续后，向所在地县级道路运输管理机构提出申请。

道路运输管理机构对道路客运经营申请、道路客运班线经营申请予以受理的，应当通过部门间信息共享、内部核查等方式获取营业执照、申请人已取得的其他道路客运经营许可、现有车辆等信息，自受理申请之日起20日内作出许可或者不予许可的决定。

予以许可的，出具《道路客运经营行政许可决定书》，明确经营主体、经营范围、车辆数量及要求等许可事项，在作出准予行政许可决定之日起10日内向被许可人发放《道路运输经营许可证》，并告知被许可人所在地道路运输管理机构。

根据《道路旅客运输及客运站管理规定》，客运经营者申请从事班线客运经营，应该具备的条件是：

（1）有与其经营业务相适应并经检测合格的客车。

（2）从事客运经营的驾驶员，应当符合《道路运输从业人员管理规定》有关规定。

（3）有健全的安全生产管理制度，包括安全生产操作规程、安全生产责任制、安全生产监督检查、驾驶员和车辆安全生产管理的制度。

（4）申请从事道路客运班线经营，还应当有明确的线路和站点方案。

根据《道路旅客运输及客运站管理规定》，旅游客运按照营运方式分为定线旅游客运和非定线旅游客运。定线旅游客运按照班车客运管理，非定线旅游客运按照包车客运管理。

根据《道路旅客运输及客运站管理规定》，客运经营者在取得全部经营许可证件后无正当理由超过180天不投入运营，或者运营后连续180天以上停运的，视为自动终止经营。例如，一客运经营者取得全部经营许可证件后一直未投入运营，当开始运营时，道路运输管理机构告诉他的道路运输经营许可已经失效。可以推知，该客运经营者不投入运营至少超过180天。另一客运经营者在取得全部经营许可证件后，曾连续停运一段时间，结果被视为自动终止经营。可以推知，该客运经营者连续停运至少达180天。

根据《道路旅客运输及客运站管理规定》，客运班线在经营期限内暂停、终止班线经营的，应当提前30日向原许可机关。经营期限届满，需要延续客运班线经营的，应当依法向市场监督管理部门办理有关登记手续后，按照不同的客运经营类型，向不同层级的道路运输管理机构提出申请。许可机关应当依据本章有关规定作出许可或者不予许可的决定。予以许可的，重新办理有关手续。例如，客运经营者想终止班线经营、暂停班线经营，都应该提前30日向原许可机关申请。如果客运班线经营期限届满，需要延续班线客运经营，应当在向市场监督管理部门办理有关登记手续后，按照班线类别向不同层级的道路运输管理机构提出申请。

2.客运车辆管理

根据《道路旅客运输及客运站管理规定》，客车技术要求应当符合《道路运输车辆技术管理规定》有关规定。县级以上道路运输管理机构应当每年对客运车辆进行一次审验。审验符合要求的，道路运输管理机构在《道路运输证》中注明；不符

合要求的，应当责令限期改正或者办理变更手续。

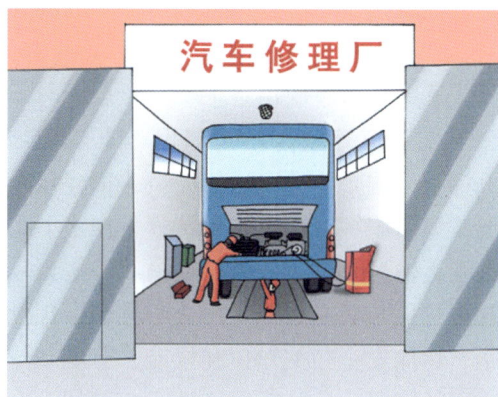

根据《道路旅客运输及客运站管理规定》，班线客运经营者取得经营许可后，应当向公众提供连续运输服务，不得擅自暂停、终止或者转让班线运输。客运经营者应当在客运车辆外部的适当位置喷印企业名称或者标识，在车厢内醒目位置公示驾驶员姓名和从业资格证号、交通运输服务监督电话、票价和里程表。保持车辆清洁、卫生，并采取必要的措施防止在运输过程中发生侵害旅客人身、财产安全的违法行为。不得在客运车辆上从事播放淫秽录像等不健康的活动，不得传播、使用破坏社会安定、危害国家安全、煽动民族分裂等非法出版物。保证旅客人身、财产安全，保持车辆清洁、卫生，是客运经营者应履行的法律义务。

根据《道路旅客运输及客运站管理规定》，客运驾驶员要遵守道路运输法规和道路运输驾驶员操作规程，安全驾驶，文明服务。客运驾驶员应当掌握道路运输相关法规、汽车使用技术、安全意识与安全行车、道路旅客运输知识基本知识。例如，运输企业的客运驾驶员，都应该根据《道路旅客运输及客运站管理规定》，接受运输企业组织的道路运输政策法规、社会责任与职业道德、职业心理和生理健康、运输安全相关知识和技能、节能减排方面的培训。

根据《道路旅客运输及客运站管理规定》，旅客不得携带国家规定的危险物品及其他禁止携带的物品乘车，发现旅客携带违禁物品上车时，客运驾驶员有权拒绝旅客携带违禁物品上车。

3.班车运行规定

班车客运驾驶人员应当随车携带道路运输证、道路客运班线经营许可证明、从业资格证等有关证件，在规定位置放置客运标志牌。

根据《道路旅客运输及客运站管理规定》，客运班车应当按照许可的起讫地、日发班次下限和备案的途经路线运行，在起讫地客运站点和中途停靠地客运站点上下旅客。不得在规定的配客站点外上客或者沿途揽客，无正当理由不得改变途经路

线。客运班车在遵守道路交通安全、城市管理相关法规的前提下，可以在起讫地、中途停靠地所在的城市市区、县城城区沿途下客。重大活动期间，客运班车应当按照相关道路运输管理机构指定的客运站点上下旅客。

4.处罚规定

根据《道路旅客运输及客运站管理规定》，客运经营者有下列行为之一的会被处罚：

（1）客运经营者使用未持合法有效《道路运输证》的车辆参加客运经营的，处3000以上1万元以下罚款。

（2）客运经营者未给旅客投保承运人责任险，拒不投保的，由原许可机关吊销相应许可。

（二）道路旅客运输驾驶员从业管理

根据《道路运输从业人员管理规定》，交通运输部主管全国道路运输从业人员管理工作。县级以上地方人民政府交通运输主管部门负责组织领导本行政区域的道路运输从业人员的管理工作；县级以上道路运输管理机构具体负责本行政区域内经营性道路运输从业人员的管理工作。国家对道路运输从业人员实行从业资格考试制度，经营性道路旅客运输驾驶员必须取得

相应从业资格，方可从事相应的道路客运活动。

1. 从业资格考试和认定

申请参加经营性道路旅客运输驾驶员从业资格考试的人员，向户籍地或者暂住地设区的市级道路运输管理机构提出申请。例如，河北省邢台市籍驾驶员，在湖北省荆门市暂住，想参加从业资格考试，他可以向邢台或者荆门市级道路运输管理机构提出申请。

申请从业资格考试的人员，按规定填写《经营性道路旅客运输驾驶员从业资格考试申请表》，并提供以下材料：

（1）身份证明及复印件；

（2）机动车驾驶证及复印件；

（3）提供道路交通安全主管部门出具的3年内无重大以上交通责任事故记录证明。

考试合格人员，自公布考试成绩之日起10日内颁发相应的道路运输从业人员从业资格证件，从业资格考试成绩有效期为1年。申请人在从业资格考试中有舞弊行为的，取消当次考试资格。

2. 从业资格管理

经营性道路旅客运输驾驶员从业资格证件全国通用，经营性道路旅客运输驾驶员从业资格证件由设区的市级道路运输管理机构发放和管理。道路运输从业人员的从业资格证件有效期为6年。例如，某驾驶员2012年7月15日取得从业资格证，其证件的有效期截止到2018年7月15日。

道路运输从业人员在从业资格证件有效期届满30日前到原发证机关办理换证手续。例如，某客运驾驶员从业资格证有效期到2013年5月13日，应该在有效期届满30日前办理换证手续。又如，一位客运驾驶员是江西九江市人，在九江获得道路旅客运输驾驶员从业资格证，现在南昌市暂住，其从业资格证即将到期，他应该到九江市级道路运输管理机构办理换证手续。

换证申请人违反相关从业资格管理规定且尚未接受处罚的，受理机关在其接受处罚后换发、补发、变更相应的从业资格证件。例如，如果客运驾驶员的从业资格证件丢失，应到原发证机关办理补发手续。

经营性道路客货运输驾驶员在发证机关所在地以外就业，且就业时间超过3个月的，到服务地管理部门备案。例如，客运驾驶员在甲地取得从业资格证之后到乙地从业，当他在乙地服务超过3个月时，应到乙地道路运输管理部门备案。

客运驾驶员有下列情形之一的，由发证机关注销其从业资格证件：

（1）持证人死亡的；

（2）持证人申请注销的；

（3）年龄超过60周岁的；

（4）机动车驾驶证被注销或者被吊销的；

（5）超过从业资格证件有效期180日未换证的。

3. 从业行为规定

经营性道路旅客运输驾驶员在从业资格证件许可的范围内从事道路运输活动，从事道路运输活动时，携带相应的从业资格证件，并按照规定填写行车日志。

经营性道路旅客运输驾驶员有下列情形之一的，由发证机关吊销其从业资格证件，从业资格证件被吊销的，3年内不得重新参加从业资格考试：

（1）身体健康状况不符合有关机动车驾驶和相关从业要求且没有主动申请注销从业资格的；

（2）发生重大以上交通事故，且负主要责任的；

（3）发现重大事故隐患，不立即采取消除措施，继续作业的。

（三）道路旅客运输驾驶员诚信考核

诚信考核的目的是为加强道路运输驾驶员动态管理，推行道路运输驾驶员诚信体系建设，引导道路运输驾驶员依法经营、诚实守信，确保道路运输市场健康、有序发展。

1. 诚信考核等级与计分

根据《道路运输驾驶员诚信考核办法

（试行）》，道路运输驾驶员诚信考核等级分为优良、合格、基本合格和不合格，分别用AAA级、AA级、A级和B级表示。诚信考核内容包括安全生产情况、遵守法规情况、服务质量情况。

根据《道路运输驾驶员诚信考核办法（试行）》，诚信考核实行计分制，考核周期为12个月，满分为20分，从道路运输驾驶员初次领取从业资格证件之日起计算。一个考核周期内的计分予以清除，不转入下一个考核周期。例如，驾驶无包车客运标志牌、包车票、包车合同的车辆，从事客运包车经营的，一次计10分；驾驶未按规定维护、检测的车辆，从事道路运输经营活动的，一次计3分。

《道路运输驾驶员诚信考核办法（试行）》规定，道路运输驾驶员在诚信考核周期内累计计分达到20分者，应接受诚信考核教育。道路运输驾驶员在考核周期内累计计分达到20分，且未按照规定参加培训的，道路运输管理机构将会把其列入黑名单，并向社会公告。

2. 诚信考核等级评定

AAA级标准：

（1）上一考核周期的诚信考核等级为AA级及以上；

（2）考核周期内累计计分分值为0分。

例如，一客运驾驶员上一个诚信考核周期的诚信考核等级是AA级，且本次考核周期内累计计分分值是0分。则此次的考核等级是AAA级。

AA级标准：

（1）未达到AAA级的考核条件；

（2）上一考核周期的诚信考核等级为A级及以上；

（3）考核周期内累计计分分值未达

到10分。

A级标准：

（1）未达到AA级的考核条件；

（2）考核周期内累计计分分值未达到20分。

例如，一客运驾驶员在上一个诚信考核周期中未达到AA级考核条件，且累计计分分值未满20分，上次的诚信考核等级是A级。如果该客运驾驶员在本次诚信考核周期内累计计分为20分，则此次的诚信考核等级为A级。

B级标准：考核周期内累计计分有20分及以上记录的。

根据《道路运输驾驶员诚信考核办法（试行）》，对诚信考核等级为B级，且存在重大安全隐患的客运驾驶员，应当调离驾驶员工作岗位。

四 道路运输驾驶员继续教育

道路运输驾驶员继续教育的目的是更新法律法规及道路运输新知识和新要求，强化安全意识、安全驾驶技能和应急处置能力，提高社会责任和职业道德水平。

1. 继续教育的内容和形式

根据《道路运输驾驶员继续教育办法》，道路运输驾驶员继续教育周期为2年，在每个周期接受继续教育的时间累计应不少于24学时。继续教育的内容有道路运输法规、政策，社会责任与职业道德，职业心理和生理健康、运输安全相关知识和技能，行车危险源辨识，防御性驾驶方法及不安全驾驶习惯纠正，紧急情况及应急处置，道路客货运输知识，节能减排相关知识。

2. 继续教育的组织和实施

根据《道路运输驾驶员继续教育办法》，道路运输企业要组织和督促本单位的道路运输驾驶员参加继续教育，并保证道路运输驾驶员参加继续教育的时间，提供必要的学习条件。道路运输驾驶员完成继续教育并经相应道路运输管理机构确认后，道路运输管理机构应当及时在其从业资格证件和从业资格管理档案内予以记载。继续教育的确认可采取考核或学时认定等方式。

3. 继续教育的监督检查

根据《道路运输驾驶员继续教育办法》，道路运输管理机构要加强对道路运输驾驶员继续教育情况的检查，并将驾驶员参加继续教育的情况纳入诚信考核的内容。道路运输驾驶员在其从业资格证件有效期内，未按规定完成继续教育的，补充完成继续教育后办理换证手续。

第三章 道路旅客运输专业知识

道路旅客运输是用客运车辆通过道路运输来实现旅客的位移，向旅客提供服务的过程。由于道路旅客运输的服务对象是人，因此，道路旅客运输具有不同于其他形式运输的特点，安全、及时、经济、方便、舒适、文明是对旅客运输的品质要求。

第一节 道路旅客运输基本知识

道路旅客运输的基本知识，包括旅客运输的分类与特点、客运车辆类型与使用、道路旅客运输的基本环节、客运合同与保险。

一 旅客运输的分类与特点

道路旅客运输是为社会公众提供服务，具有商业性质的运输活动。具有运输区域广，运输组织多样，适应性强，机动、灵活、便利的特点。根据运输方式不同，道路旅客运输分为班车客运、包车客运、旅游客运等。

1. 班车客运

班车客运是指客车在城乡道路上按照固定的线路、时间、站点、班次运行的一种客运方式。营运客车由始发站直达终点站，中途可短暂休息但不上下旅客，属于直达班车客运。运距较短，停靠站点较多，配备随车乘务员的营运客车属于普客班车。站距较长，沿途只停靠县、市及乡、镇等主要站点的营运客车属于普快班车。例如，驾驶客车在北京和石家庄之间按照固定的线路、班次从事旅客运输的客运方式就属于班车客运。

班车客运的线路按照经营区域分为以下四种类型，一类客运班线是跨省级行政区域（毗邻县之间除外）的客运班线。二类客运班线是在省级行政区域内，跨设区的市级行政区域（毗邻县之间除外）的客运班线。三类客运班线是在设区的市级行政区域内，跨县级行政区域（毗邻县之间除外）的客运班线。四类客运班线是县级行政区域内的客运班线或者毗邻县之间的客运班线。此处所称毗邻县，包括相互毗邻的县、旗、县级市、下辖乡镇的区。

2. 包车客运

包车客运是将客车包租给用户安排使用，提供驾驶劳务，按行驶里程或包用时间计费的一种营运方式。包车客运按照经营区域分为省际包车客运和省内包车客运，省级人民政府交通运输主管部门可以根据实际需要，将省内包车客运分为市际包车客运、县际包车客运和县内包车客运并实行分类管理。包车客运经营者可以向下兼容包车客运业务。例如，按照用户要求驾驶客车往返于指定的会议地点与休息地点之间为某考察团提供交通服务的客运方式就属于包车客运。

3. 旅游客运

旅游客运是指以运送旅游观光的旅客为目的，在旅游景区内运营或其线路至少有一端在旅游景区（点）的一种客运方式。按营运方式分为定线旅游客运和非定线旅游客运。例如，按照旅行社的要求，客运车辆应在某日早8点从北京饭店接某旅游团前往八达岭长城游览，并在下午6点将旅客送回住处的客运方式就属于旅游客运。

非定线旅游客运是指按照用户要求的线路、景点、时间，运送团体旅客，并停靠等待的客运方式。例如，客车运送旅游团到指定景点，在旅客游览期间停车等候的客运方式属于非定线旅游客运。定线旅游客运，在线路的一端组客，实行定线、定班、定时、定价、定载容量；一端是风景区，乘客随车返回。

二 客运车辆类型与使用

客运车辆按车长分为四种车型，每种车型都有对应的等级划分和使用要求。

1. 客运车辆类型

客运车辆按车长分为特大型、大型、中型和小型四种，客车按类型分成18个等级。车长小于或等于13.67米大于12米的营运客车属于特大型营运客车，等级划分为高三级、高二级、高一级、中级、普通级。车长小于或等于12米大于9米的营运客车属于大型营运客车，等级划分为高三级、高二级、高一级、中级、普通级。车长小于或等于9米大于6米的客车属于中型营运客车，等级划分为高二级、高一级、中级、普通级。车长小于或等于6米大于3.5米的客车属于小型营运客车，等级划分为高二级、高一级、中级、普通级。

2. 客运车辆使用要求

客车技术要求应当符合《道路运输车辆技术管理规定》有关规定。从事一类、二类客运班线和包车客运的客车，其类型等级应当达到中级以上。

禁止使用报废的、擅自改装的、拼装的、检测不合格的客运车辆以及其他不符合国家规定的车辆从事道路客运经营。

三 道路旅客运输的基本环节

道路旅客运输主要工作内容包括售

票、行包承运、检票上车、客车运行、到站交接等其他服务性工作。

1. 售票

车票是旅客支付客车运费、乘车的凭证，是承运人与旅客之间的一种简易合同。

2. 行包承运

行李、包裹（简称行包）运输是旅客运输的重要组成部分。行包须凭有效客票托运，且不能超越客票的有效行程和规定的质量。行包检查是道路旅客运输的重要环节。行包承运时，应注意检查重量是否超过规定，是否超越客票的有效行程，包装是否完整牢固。检查的重点是行包里有无危险品，防止夹带危险品、易碎品、贵重物品、禁运品等。

各类违禁物品是引发道路旅客运输

安全事故的主要危险源，应坚决避免其上车。例如，驾驶员在运输过程中发现有旅客欲携带小瓶硫酸上车，该旅客解释说是做实验急用，驾驶员应拒绝其上车。常见的危险化学品有：易燃易爆品，代表性物质有汽油、酒精、炸药、雷管、鞭炮、油漆、液化气等。剧毒品，代表性物质有农药、砒霜。腐蚀品，代表性物质有硫酸、硝酸、盐酸。违禁物品，代表性物质有管制刀具、仿真枪、枪支弹药、匕首。

装载旅客行包前，要注意检查行李包是否捆扎牢固、行李包尺寸是否符合规定、行李包重量是否符合规定、车厢过道不得放置行包。装载行包时，根据交接清单对号点件装运，装载时应按先远后近、下重上轻的顺序均衡装载。

3. 检票上车

检票是组织乘车的重要环节，检票时对上车旅客持有的车票在确认车次、日期、到达站后剪票，剪票即表示旅客旅行的开始。检票也是检查旅客有无误乘、漏乘的必要手续。

旅客上车就座后，驾乘人员应利用发车前的时间，提醒旅客系好安全带，重点讲解乘车安全注意事项，进行安全告知。安全告知的主要方法有驾驶员或乘务员告知旅客，向旅客播放统一制作的音像资料，在车内明显位置标示核定载客人数、停靠站点和投诉举报电话。安全告知的主要内容有客运公司名称、客车号牌、驾驶员及乘务员姓名和监督举报电话，核定载客人数、行驶线路、停靠站点和休息站点，法律法规规定的安全注意事项，安全出口及应急逃生出口位置、安全带和安全锤使用方法。

组织旅客乘车完毕后，车站值班站长或值班人员要对车辆做最后一次检查，确认安全和各项工作就绪后，发出放行信号，驾驶员得到信号后，即可起程。

4. 客车运行

道路旅客运输过程中应按规定的路线、班次、站点和时间运行，做到遵守法律法规，遵守操作规程，安全驾驶（控制车速、平稳驾驶），文明服务。为保证道路旅客运输安全，客运驾驶员应该不断提高业务知识水平，提升职业技能。道路旅客运输过程中，禁止中途将旅客交给他人运输、敲诈旅客、中途甩客、擅自更换客车、随车携带危险品以及播放含不健康内容的录音、录像的行为。

5. 到站交接

驾驶客运班车到站后，驾驶员要按值班人员指挥将车辆停放在适当地点，将行车路单、行包交接清单等有关资料交予站务人员，并向值班人员说明本站下车人数，点交本站的行包及公文、物品等。

四 客运合同与保险

客运合同是承运人将旅客从起运地点运输到约定地点，旅客支付票款的合同。

1. 承运人的义务

客运合同自承运人向旅客交付客票时成立。承运人要按照客票载明的时间和班次运输旅客，迟延运输的，要根据旅客的要求安排改乘其他班次或者退票。承运人提高服务标准的，不应当加收票款。承运人应当向旅客及时告知有关不能正常运输的重要事由、安全运输应当注意的事项，要尽力救助患有急病、分娩、遇险的旅客。

2. 赔偿责任划分

承运人应当对持有效客票、按照规定免票、持优待票、经承运人允许无票旅客的伤亡承担赔偿责任。由旅客自身健康、旅客故意、旅客重大过失引起的旅客伤亡事故，承运人不承担赔偿责任。在运输过程中旅客自带物品毁损、灭失，承运人有过错的，应当承担损害赔偿责任。

3. 承运人责任险

客运经营者要为旅客投保承运人责任险。承运人责任险是一种责任保险，具有强制性。主要是对客运经营者在运输过程中发生交通事故或者其他意外事故，致使旅客遭受人身伤亡或直接经济损失，依法由被保险人对旅客承担的赔偿责任，由保险公司在保险责任限额内给予赔偿。

承运人责任险的保险责任范围包括旅客人身伤亡赔偿、旅客财产损失赔偿、相关的法律诉讼费用三部分。一旦因交通意外事故造成乘客人身和财产损失，保险公司代表承运人承担赔偿责任，保险受益人是旅客。客运经营者应当为旅客投保承运人责任险，拒不投保的，原许可机关将吊销其道路运输经营许可证或者注销相应的经营范围。

第二节 道路旅客运输服务

客运服务一方面使乘客到达目的地，另一方面也要满足乘客在整个运营过程中的合理需要。服务质量和服务水平的优劣，体现在满足乘客需要的程度。道路旅客运输服务包括旅客运输服务基本要求，班车客运的服务要求、包车（旅游）客运的服务要求、乘客心理与服务。

一 道路旅客运输服务基本要求

客运驾驶员应当为旅客提供良好的乘车环境，确保车辆设施齐全有效，保持车辆清洁卫生，并采取必要的措施，防止在运输过程中发生侵害旅客人身、财产安全的事故。

1. 出车前准备

出车前，驾驶员应该做好出车前检查，清洁车辆，保证车辆安全设施齐全有效。从事包车客运的客运车辆要随车携带包车线路标志牌，从事旅游客运的客运车辆要随车携带旅游线路标志牌。待旅客上车坐稳后，驾驶员在起步前查看仪表和车内设施工作情况，确认车门关好，注意车身两侧障碍物。

2. 运行安全服务

驾驶客运车辆行车中，驾驶员要时刻将旅客的生命安全放在第一位，守法、平稳驾驶。发现旅客将手或头伸出窗外时，要善意地提醒乘客不要将手或头伸出窗外。驾驶客运车辆转弯时，要考虑车辆的平稳和乘客的舒适，提前减速，平缓小幅度转向。客运车辆行驶中遇凹凸路面时，握稳转向盘，及时减速缓慢通过。中途停车或就餐后，重新开车前必须核实乘客人数后方可开车，避免旅客错乘、漏乘。

驾驶客运车辆行车途中发生车辆故障，应在停车后向旅客说明原因，并设法维修或转运旅客。驾驶客运车辆发生制动失效无法停车时，在确保车辆不倾翻的前提下，告诉旅客向车中间靠拢、抓住固定物，将车体向有障碍一侧碰撞。行车途中不可避免发生碰撞时，要首先考虑旅客安全，选择碰撞部位。

客运驾驶员要按照规定，每日收车后，都要规范填写行车日志的每一项内容，以便为驾驶员安全教育、驾驶员绩效安全考核提供翔实的记录。

二 不同道路旅客运输方式服务要求

道路客运分为班车客运、包车客运、旅游客运等方式。每一种方式的运输服务要求都有所区别。

1. 班车客运的服务要求

班车客运形式有直达班车客运、普通班车客运、加班车客运和农村客运班线。班车的客运线路分为一类客运班线、二类客运班线、三类客运班线、四类客运班线。农村客运班线经许可后可采取区域经营、循环运行、设置临时发车点的灵活运营方式。

进行班车客运时，应随车携带从业资格证、客运线路牌、道路运输证和客运班线经营许可证明。班车客运的客运线路牌应当放置在班车的规定位置。从事班车客运应遵守配合检查旅客人数和行李装载，随车携带道路运输证等有关证件，向旅客介绍安全注意事项的规定。做到按许可的线路、班次、站点运行，在规定的途经站点进站上下旅客，无正当理由不得改变行驶线路，不得站外上客或者沿途揽客。

进站客运班车应当在发车前30分钟备齐相关证件进站等待发车，不得误班、脱班、停班。一般情况下，进站客运班车延迟60分钟以内视为误班，延迟60分钟以上视为脱班。进站客运班车因故不能发班时，应提前1天告知客运站经营者。对无故停班达3日以上的进站班车，客运站经营者应当报告当地道路运输管理机构。行驶途中，每隔2小时左右休息一次，重新开车前须配合乘务员清点车上人数；客运车辆驾驶员连续行驶的时间不得超过

4小时。

驾驶客运车辆进站或到站时，驾驶员应按指定的位置或站位平稳停车，并协助车站人员或乘务员组织旅客上、下车。

2. 包车客运的服务要求

包车客运是将客运车辆包租给用户安排使用，按行驶里程或包用时间计费的一种营运方式。驾驶客运车辆从事包车客运时，必须按照与包车人约定线路运行，服从包车人的合理安排，持有包车车票或包车合同。包车客运除道路运输管理机构下达的紧急包车任务以外，包车线路一端必须是车籍所在地。

单程的去程包车回程载客时，要向回程客源所在地县级以上道路运输管理机构备案。例如，客运经营者与包车人签订了从武汉到广州的单程包车合同，如果客运经营者想在回程的时候载客，应当向广州市道路运输管理机构备案。

运输经营者要求变更车辆类型、约定时间或取消包车，事先与包车人协商，经同意后，方能变更。在客流高峰期运力不足时，道路运输管理机构临时调用开行包车或者加班车的营运客车技术等级应不低于三级。客运包车不按约定的起始地、目的地和路线行驶的，由县级以上道路运输管理机构责令改正，并处以1000元以上3000元以下的罚款。提供包车客运服务时，不得超速、违法超车、疲劳驾驶，驾驶员在行驶中不得抽烟，停车休息时不得喝酒，认真执行落地停车休息制度。

3. 旅游客运的服务要求

旅游客运按营运方式分为定线旅游客运和非定线旅游客运。定线旅游客运按照班车客运管理，非定线旅游客运按照包车客运管理。运输经营者提供旅游客运服务时，应该保持车容车貌干净、整洁，协助导游人员清点游客人数，协助导游提醒游客安全，准时发车。提供旅游综合服务的旅游客车，应备有饮用水、常用药、御寒或降温设备，视情况随车配备导游人员。

旅游客运车辆驾驶员应服从导游安排，在规定的停靠点或停车场停车，停车后不得擅自离车。驾驶员提供旅游客运服务时，不得超速、违法超车、疲劳驾驶，行驶中不得抽烟，停车休息时不得喝酒，认真执行落地停车休息制度。

三 乘客心理与服务

1. 理解乘客心理

道路旅客运输过程中，驾驶员应秉承

"乘客就是上帝"的理念，充分把握乘客的各种心理特征，有效地提高服务质量和乘客的满意度。遇到旅客心情不佳，借题发挥时，驾驶员应理解包容，用更好的服务耐心感化乘客。

2. 满足乘客的心理需求

旅客的心理需求包括行车安全，顺利到达、及时到达，乘车环境舒适、舒心。为了使乘客获得心理上的安全感，驾驶员要严格遵章守法，规范操作，控制车速、平稳行驶，避免紧急制动、猛转转向盘。为了满足旅客希望尽快到达目的地的心理需求，运输过程中驾驶员应该在上车前提醒，途中及时报站，防止乘客坐过站。遇到堵车或车辆故障时，有些旅客会变得烦躁、易怒，驾驶员应该解释安抚，稳定乘客情绪。为了满足旅客希望受到尊重的心理需求，运输过程中应该提醒旅客下车时携带好行李。

第四章 道路旅客运输安全与应急处置

客运驾驶员的安全意识与安全行车，是确保完成将乘客安全送到达目的地完成运输任务的前提。客运驾驶员在行车中，牢记安全驾驶的三条黄金原则：集中注意力、仔细观察和提前预防，运用好预见性驾驶方法，就能避免或者减少交通事故。

第一节 安全驾驶知识

安全驾驶、文明行车，是安全意识的具体体现。客运驾驶员的心理和生理因素、反应时间及对行车过程中风险的自我认知，直接关系到行车安全。客运驾驶员要牢固树立安全意识，自觉遵守交通信号，安全、文明地驾驶车辆，避免发生责任事故。

一 安全文明行车意识

安全文明行车是保证安全运输的前提，做到集中注意力、仔细观察和提前预防是客运驾驶员安全意识的具体表现。杜绝违法违章驾驶，才能保证运输过程中不出事故。完成运输生产任务，安全文明行车比保证班车准时正点更重要。客运驾驶员要严格遵守交通安全法律、法规，安全驾驶，文明礼让，确保道路旅客运输安全。

1. 安全行车意识

客运驾驶员的安全意识具体体现在出车前、行车中和收车后做好车辆检查，

冰雪道路选择安全地点低速会车，经过人流不密集县乡公路慢速行驶，认真填写行车日志等方面。驾驶客运车辆行驶中，发现其他车辆制动灯不亮、车门没关好等现象时，开窗挥手示意；通过斑马线时，提前观察，减速慢行，礼让行人优先通行。这些都说明驾驶员具有较强的安全行车意识。驾驶客运车辆遇雨雪雾等恶劣天气

时，经常凭借"高超"的驾驶技术，超速行驶，以免被困途中的做法，则是安全文明行车意识差的表现。

2. 预见性驾驶

遵章守法，提前预见可能出现的危险情况，能避免交通事故，保证运输安全。驾驶客运车辆通过有信号灯的交叉路口时，应该提前观察信号灯变化，遵守交通信号。行车中，保持安全距离的目的是避免驾驶紧张，缓解驾驶疲劳，保证出现紧急情况时有足够的停车距离，扩大观察视野，减少驾驶盲区。驾驶客运车辆进入加油站加油、进行车辆维修、车辆发生故障需临时停车时，都要让旅客下车在安全地带等待。

3. 文明行车

客运驾驶员要养成文明行车习惯。驾驶员常见的不文明驾驶习惯有：行车中向车窗外吐痰、抛扔杂物，快速通过积水路段溅湿行人，前车行驶速度慢时用远光灯晃前车，遇老人过马路时鸣喇叭催促其让行等。驾驶员行车中要杜绝不文明驾驶习惯，正确使用灯光和喇叭，经过不允许鸣喇叭的路段，禁鸣喇叭，注意安全；礼让正常超车、变更车道的车辆，道路拥堵时不加塞抢行，遇他人违章驾驶不赌气，谨慎驾驶。

4. 超车与被超车安全驾驶

借道超车时，提前判断是否有足够的时间、空间完成超车动作，驶回原车道时，与被超车拉开安全距离后开转向灯驶回原车道。驾驶客运车辆行驶中，发现后车示意超车时，如果条件允许，应该及时减速靠右让行。

5. 通过桥梁安全驾驶

驾驶客运车辆通过桥梁时，注意桥头的交通标志和提示，观察交通情况，在条件允许时安全通过，尽量避免在窄桥上会车、制动和停车。通过险桥等危险地段，要查明危险情况，确认安全后尽快通过；如果不能通过时及时报告绕道行驶；对面有来车时，停车等待，避免会车。通过漫

水桥时，停车观察水情，在确认安全后低速通过，不在水流漫过桥面严重时冒险通过。

6. 通过隧道、涵洞安全驾驶

驾驶客运车辆进入隧道、涵洞前，要提前确认没有超高后再通过。驶入隧道时，注意限高、限速标志，选择绿色箭头信号灯指示的车道行驶，提前开启前照灯。

7. 山区道路安全驾驶

驾驶客运车辆在山区道路行驶时，应提前了解山区气象条件，注意制动、转向性能。时刻关注车辆的制动效能，防止出现制动失效现象。驾驶客运车辆上陡

坡前，根据坡长、路况、交通情况选择合适挡位爬坡。转弯、会车和通过下坡路段时，减速行驶。遇到经常发生泥石流、塌方的路段，确认安全后，尽快通过。在山区道路行驶，引发车辆失控、追尾、碰撞、翻车、坠崖等事故的原因有跟车距离过近，下坡、转弯、会车时速度过快。

8. 特殊路段和气象条件安全驾驶

驾驶客运车辆在冰雪道路行驶，需要制动减速时应采用间歇制动的主要原因是防止车轮打滑。炎热天气行车途中，应该注意检查车辆的冷却液温度表读数变化、轮胎胎压、气压表读数变化、电路油路等。在渡口上渡船时，服从渡口管理人员指挥，摆正车位，在指定地点待渡，握稳转向盘，平稳上船。

9. 夜间安全驾驶

夜间驾驶客运车辆行驶在无照明的路段，应该降低车速，正确使用灯光，注意观察人、车、物及道路情况。在没有隔离设施且照明条件不良的路段会车时，应该使用近光灯，在距对向来车150米时改用近光灯，对向来车使用远光灯时不要直视

对面来车发出的强光。

（二）驾驶员心理因素对安全驾驶的影响

客运驾驶员心理状况的变化，对安全驾驶有着直接的影响。驾驶员根据自身的心理状况，加强自我认知和情绪控制能力，能够有效地提高行车的安全性。

1. 情绪和情感对安全行车的影响

情绪和情感对客运驾驶员影响很大，与行车安全有密切关系。客运驾驶员积极的情绪和情感对行车产生的影响是：更容易保持平和的心态，有利于驾驶员集中注意力，使驾驶员能冷静应对行驶中出现的各种状况。客运驾驶员出现急躁、愤怒情绪时，会影响行车安全。客运驾驶员不利于安全行车的情绪有：工作压力大，紧张焦虑；遇亲人病故，伤感抑郁；意外中奖，兴奋激动。客运驾驶员行车中出现不利于安全行车的异常情绪时，可以采取集中精力观察路况、必要时短暂停车休息调整心态、进行心理暗示、放松心情等方式及时调节。

2. 性格对安全行车的影响

客运驾驶员的性格特点与安全行车有着密切的关系。性情粗暴的客运驾驶员发生道路交通事故的风险较高。性格温和、遇事沉着冷静的性格类型，有助于避免发生道路交通事故。

3. 意志对安全行车的影响

为了安全行车而克服运输中各种困难的心理过程体现了客运驾驶员的意志，客运驾驶员的基本意志品质包括自觉性、果断性、自制性、坚持性。遇紧急情况时头脑冷静、处置果断，是客运驾驶员良好意志品质的表现。

（三）驾驶员生理因素对安全驾驶的影响

客运驾驶员生理状况的变化，会直接影响到安全行车。驾驶员要注意自己生理变化的规律，避免在不良的生理状态下驾驶车辆，能够有效地确保运输安全。

1. 视觉特性对安全行车的影响

客运驾驶员行车中获得有效信息的最重要途径是视觉。一般来说，在行车中，90%左右的有效信息都是靠视觉获取的。驾驶员的视野会随着速度变化而变化，车速越高，驾驶员的有效视野越狭窄。在夜间或暗环境条件下驾驶客运车辆，视线不良，视觉反应能力较低，会影响安全行车。

2. 疲劳对安全行车的影响

客运驾驶员疲劳驾驶，是导致事故的一个重要诱因。驾驶员的睡眠质量、生活环境、车内环境、身体条件不良，都会造成驾驶疲劳。行车过程中，驾驶员坐姿不良会导致血液循环不畅，长时间行车，睡眠不足，车内空气质量差、通风不良等，都容易导致驾驶疲劳。在疲劳状态下驾驶，会导致操作失误增加，注意力不集中，判断力下降，最终引发道路交通事故。当驾驶员感到疲劳时，一定要采取缓解驾驶疲劳的措施，停车休息时，伸展肢体，活动手脚，眺望远方，小睡10分钟都能有效缓解疲劳。

3. 酒精、药物对安全行车的影响

客运驾驶员饮酒后，酒精会影响驾驶员神经系统，导致注意力、记忆力、判断能力下降，严重影响行车安全，驾驶客运车辆极易发生交通事故。驾驶员服用对神经系统有影响的药物时，会导致反应及操控能力下降，听力、视力、注意力减退，动作协调性提高，动作准确性下降。驾驶员在道路运输中禁止服用含镇静作用的感冒药、有麻醉效应的止痛药、催眠药、抗过敏药。

4. 反应时间对安全驾驶的影响

客运驾驶员从发现危险到采取制动措施，需要一定的时间。应急反应时间是指驾驶员从辨识危险到采取制动的时间。情绪、车辆行驶速度，都会影响驾驶员的应急反应时间。驾驶员情绪剧烈波动时，应急反应能力会下降。

第二节　道路旅客运输危险源辨识与防御性驾驶

　　道路危险源，是指在道路上存在的可能导致人员伤害、财产损失、交通环境破坏或这些情况组合的根源或状态。防御性驾驶是指驾驶员在行车过程中，全面地观察驾驶环境，随时针对与交通有关的迹象进行分析、判断，准确地预测不确定的、潜在的危险因素做出预先估计，及时地采取预防措施，避免发生交通事故。道路旅客运输过程中，驾驶员掌握危险源辨识和防御性驾驶方法，能对前方潜在的各种交通风险做出预先估计，及时采取相应预防措施，预先增加一道安全保障，有效规避危险。

（一）客运车辆行驶状态下危险源辨识与防御性驾驶

　　驾驶客运车辆行驶中，需要提前识别危险源的目的是对交通风险做出预先估计，及时采取措施，预防危险情况发生、避免造成道路交通事故。防御性驾驶理念要求客运驾驶员规范操作，避免主动引发交通事故；宽容礼让，努力避免被动性交通事故。

1. 跟车危险源辨识与防御性驾驶

　　驾驶客运车辆跟车时，要根据行驶环境控制车速，尽量降低危险源的影响，跟车距离过近或后车行驶速度过快都易造成追尾事故。跟车行驶，要预见到前车随时都可能转向、减速或紧急制动，应提前采取措施确保安全。至少保持3秒制动时间

的安全制动距离。驾驶客运车辆以50公里/小时的速度行驶时，与前车的安全距离应在50米以上。发现后方有车辆未保持安全跟车距离时，应该轻踩制动踏板提醒后车。雨雾天气驾驶时，要与前车保持比平常更大的安全距离。

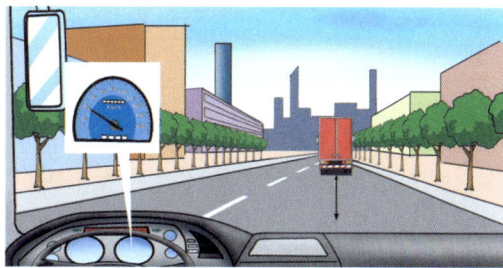

　　驾驶客运车辆跟车行驶容易造成交通事故的因素有跟车距离过小、跟车速度过快或车速判断有误、不同车型视野差异和制动性能差异。跟行大型货运车辆，如果载货较高，会阻挡后车驾驶员视野；货物超载时，影响轮胎寿命，易爆胎；货物苫盖不牢时，掉落的货物会阻碍后车通行；货运车辆尾灯比客运车辆亮，易引起后车驾驶员炫目，跟行大型货运车辆需要加大跟车距离。

驾驶客运车辆跟行出租汽车时，需要注意出租汽车遇行人招手时易紧急制动停车、易在行车道停车下客、易随意穿插并线。跟行危险品运输车，要加大跟车距离，遇危险品运输车超车时，要主动让行；遇前方危险品运输车因故障临时停车时，确认安全后通过。

2. 会车危险源辨识与防御性驾驶

驾驶客运车辆会车过程中，对方车辆的车型、车速、装载和行驶状况，都会影响会车安全。会车时，要注意对面车辆后方的行人、车辆、牲畜，以防其突然横穿带来危险。会车要选择正确的交会地点、合理控制车速，道路上有障碍物、道路变窄时不会车。

驾驶客运车辆会车时，易引发交通事故的危险行为有：与对面来车有会车可能时强行超车、遇障碍物盲目急转转向盘躲避、在狭窄路段会车不减速、骑轧路肩会车、弯道占用对向车道会车。如果会车时违法占用对向车道、侵占对向车辆行驶路线，很容易造成剐蹭或碰撞事故。

弯道会车时，应该以道路中心线为界，没有道路中心线的，靠车道右侧行驶，保持一定横向间距，保持较低车速。发现缺乏安全会车条件时，不能盲目会车，应及时减速，必要时停车让行。

3. 超车危险源辨识与防御性驾驶

超车是一种危险的驾驶行为，每超越一辆正常行驶的机动车，就会增加一次发生交通事故的风险，如果驾驶客运车辆频繁超车，会大大增加发生交通事故的风险。超车应选择平直、视线良好、两侧无行人和非机动车及双向两车道道路的对面无来车等相对适合的路段进行。

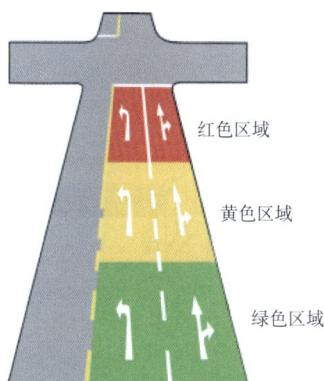

红色区域

黄色区域

绿色区域

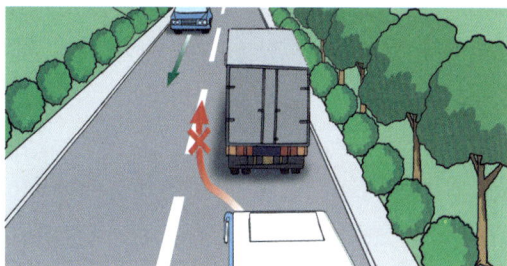

驾驶客运车辆超车前，为了确保安全，要特别注意全面观察交通情况及被超车前方情况，提前开启左转向灯、鸣喇叭，夜间变换远近光灯提示前车。驾驶客运车辆超车时，应注意预测超车距离和时间，遇前车正在左转弯、掉头、超车或者发现前方车辆不让路时，要停止超车，不得加速超车。禁止在交叉路口、单行路、铁路道口、隧道内、窄路、弯道超车。

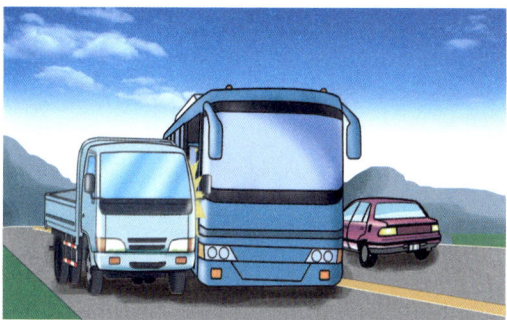

4. 变更车道危险源辨识与防御性驾驶

驾驶客运车辆变更车道前，要仔细观察道路两侧和后方道路交通情况，充

分考虑各种危险因素，选择变道时机提前开启转向灯，提醒后方来车注意。避免开启转向灯后立即转弯变更车道。变道结束后，要及时关闭转向灯，以免给其他车辆造成错觉。频繁变更车道、变更车道时不注意观察、变更车道不开转向灯、侧后方有车辆快速接近时变道，都容易引发交通事故。

5. 转弯危险源辨识与防御性驾驶

驾驶客运车辆转弯时，弯道两侧行人、路边树木及路面的障碍等，都会对行车安全构成威胁。如果车速过快，容易导致碰撞行人或车辆、侧翻、冲出路面、碰撞或坠落等事故。

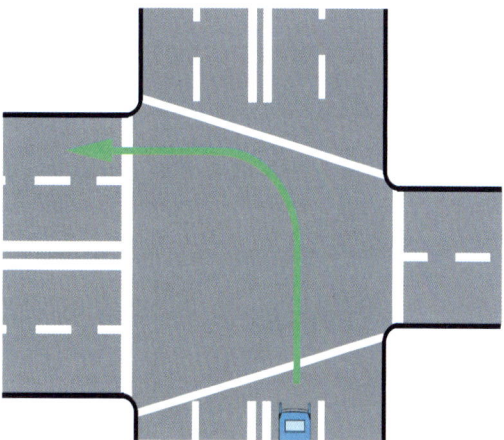

驾驶客运车辆转弯，应提前在转弯前降低车速，避免紧急制动，注意内外轮差，严禁在弯道加速超车。在十字路左转应该靠路口中心点左侧转弯，右转应该特

别注意右后方的行人和其他车辆。右转弯必须借助对向车道来完成转弯操作时，要密切注意对向车道内的来车，及时示意行驶方向，待对方车辆通过或者停车让行时再右转弯。

　　客运车辆转弯时，后轮并不是沿着前轮的轨迹行驶。前内轮转弯半径与后内轮转弯半径之间形成的偏差叫内轮差。客运车辆的车身越长，转弯时的内轮差就越大。大型车辆转弯时，如果只注意前轮通过，而未给后轮留有足够的余量，就可能造成后内轮驶出路面或剐蹭行人

和车辆。

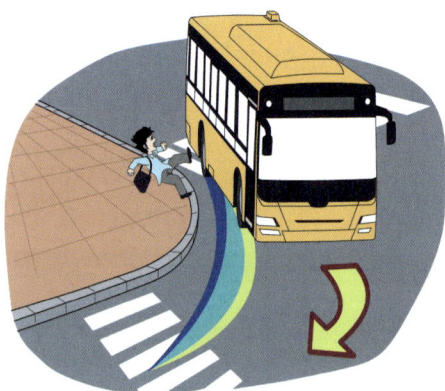

案例

　　一辆中型客运车辆行驶至转弯路段时，路面有遗撒的砂石，导致车辆发生侧滑，坠入路外深沟。驾驶员有效避免此类事故发生的正确操作是注意观察路面情况，提前减速。

6. 停车危险源辨识与防御性驾驶

　　驾驶客运车辆发生故障需要在路边临时停车时，应在停车后拉紧驻车制动车辆，开启危险报警闪光灯、示廓灯等，按规定放置三角警告标志牌。因故障或事故需要在弯道、坡道等有障碍物阻挡视线的路段临时停车时，应将警告标志摆放在来车方向适当位置或车前和车后安全距离以外，以起到警示作用。

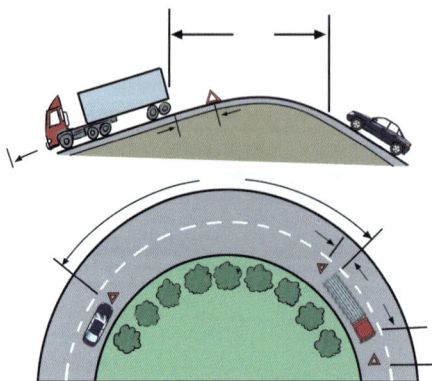

7. 倒车危险源辨识与防御性驾驶

　　倒车与前进相比，看不见的部分（死角）非常多，操作难度大，车辆周围的情况在驾驶室内无法看到，车后的情况随时都会变化。驾驶客运车辆倒车前，应下车检查，确认安全。倒车时，保持低速，发现危险立即停车。倒车时最好有人辅助指挥，可以避免碰撞物体或行人。

8. 掉头危险源辨识与防御性驾驶

驾驶客运车辆掉头时，不观察路况、不避让行人和其他车辆，极易引发交通事故。驾驶客运车辆掉头时应尽量选择交通流量小、道路较宽、能一次完成掉头的路段进行。掉头时，提前开启左转向灯，严格控制车速，不能妨碍其他车辆正常行驶。雨天掉头，不能将客运车辆停在路基松软的路边。禁止在有禁止掉头标志的路段、人行横道、铁路道口、窄路、弯道、桥梁、隧道处掉头。

⚙（二）典型道路条件下的危险源辨识与防御性驾驶

驾驶客运车辆在典型道路条件下行驶，需要提前识别各种典型道路的危险源，对道路上的危险因素和风险做出预先估计，提前做好防范危险情况的准备，根据不同的危险源有针对性地进行防御性驾驶。

1. 山区道路的危险源辨识与防御性驾驶

驾驶客运车辆在山区道路行驶存在的危险因素有：山区弯道多，易因超速造成碰撞、坠崖；路面狭窄，行车操作难度大，重车下坡时易因制动效能衰退而发生事故。在山区道路行驶，转弯时急转转向盘，下坡、转弯、会车时超速行驶，占用对向车道，不按照交通标志提示行驶等驾驶行为，都易造成交通事故。

山区道路驾驶客运车辆，要根据道路条件控制行驶速度，跟车行驶要保持较大的安全距离，狭窄路段会车不靠山体的一方先行，转弯要留有较大的空间，尽可能避免超车。驾驶客运车辆看到连续下坡警示标志时，应在下坡前检查制动效能，使用低速挡控制车速，不要长时间连续使用行车制动。

长度15km

驾驶客运车辆下长坡或陡坡时，应

通过使用行车制动器、使用发动机排气制动或缓速器辅助制动、使用低速挡的方式控制车速，严禁使用空挡、熄火滑行。下长坡，发现制动器效能减弱时，应及时停车降温。山区长下坡路段行驶，如果速度过快，可能引发车辆追尾、碰撞、侧翻等事故。

驾驶客运车辆在山区道路上坡转弯路段行驶，要在爬坡或进入弯道前选择合适挡位，保持充足动力，避免中途或转到弯道顶端时换挡，注意观察交通标志和弯道镜，并鸣喇叭提示，不占用对向车道。遇塌方、泥石流时，要在确认安全后尽快通过。

案例

某日天降小雨，一辆大型普通客运车辆以40公里/小时的速度通过一转弯下坡路段处（限速30公里/小时）时，车辆驶出路外坠入深沟，导致14人死亡、40人受伤。导致该事故的直接原因是：超速行驶。

2. 通过桥梁的危险源辨识与防御性驾驶

立交桥引桥坡度大、路面狭窄、路线错综复杂，会对行车安全构成威胁。驾驶

客运车辆通过立交桥、桥涵时，可能存在的风险有：立交桥及桥涵易积水，引桥坡陡，转弯空间小、操作难度大，立交桥路线错综复杂，因"找路"易分散注意力。需要下穿立交桥及桥涵时，应注意限高或限宽标志，遇桥涵积水要根据积水深度判断是否通过，桥涵积水过深要改道绕行。在立交桥引桥临时停车时，必须拉紧驻车制动器车辆，防止溜车。

驾驶客运车辆在跨江跨海大桥上行驶遇强烈横风时，应双手握稳转向盘，合理控制车速，与并行车辆保持安全的横向间距。通过跨江跨海大桥时不考虑强烈横风的影响，会导致车辆偏驶，甚至翻车。

3. 通过隧道的危险源辨识与防御性驾驶

驾驶客运车辆驶入隧道时存在的风险有：驾驶员视觉会出现暗适应，光线暗淡，通风不良，易形成烟雾污染。隧道通风、采光条件不良，如果驾驶客运车辆高速通过，易发生追尾等交通事故。在隧道行驶时，眼睛的明暗适应过程会影响行车安全。

驾驶客运车辆进入隧道前，要注意隧道前的交通标志，开启前照灯，按限速要求行驶。隧道中跟车行驶时，要适当增加跟车距离。隧道内行驶时，禁止超车，禁止随意停车、掉头、倒车。隧道内出现故障必须临时停车时，要尽量将车辆停在专门的避险区。驶出隧道口时，为了防止横风和减少明适应的影响，应严格遵守限速规定，双手握稳转向盘，警惕隧道口有行人或其他车辆横穿。

> **案例**
>
> 一旅游大型客运车辆行至黔江香山隧道，在借道超越一辆摩托车时，与迎面驶来的一辆小客车碰撞，造成3人死亡。导致该起事故的直接原因是：客运驾驶员违法在隧道内超车。

4. 通过铁路道口的危险源辨识与防御性驾驶

铁路道口事故多发的主要原因有：驾驶员不注意观察，盲目抢行，驾驶技能不熟练，精神紧张，易造成车辆熄火，机动车、非机动车、行人混行。通过无人看守的铁路道口时，要做到一停、二看、三通过。在无人看守的铁路道口，确认无列车通过后,应安全迅速通过。无人看守的铁路道口遇道口前方堵车时,应在道口外停车等候。通过有人看守的铁路道口,发现栏杆下降时,要将车停在停止线以外,等待放行。

5. 城乡接合部的危险源辨识与防御性驾驶

驾驶客运车辆在城乡接合部行驶时存在的危险因素有:交叉路口多,交通设施不完善,行人、机动车、畜力车混行,行人、车辆易抢行。驾驶客运车辆从繁忙拥堵的城市道路进入城乡接合部畅通道路时,应控制车速行驶,注意观察路边行人、非机动车动向,及时避让行人,遇行人、低速汽车占道行驶时应低速慢行。驾驶客运车辆在城乡接合部通过路口时,要减速礼让,提防危险情况,必要时停车避让。经过晒粮占道的路段,必须碾轧粮食通过时,要低速通过。通过扬尘路段时,要低速慢行,必要时可以开启车灯、鸣喇叭示意。

三 恶劣气象条件下的危险源辨识与防御性驾驶

驾驶客运车辆在恶劣气象条件下行驶,会遇到与一般道路条件下行车不同的特殊危险源。驾驶员要能够辨识雨天、雪天、雾天、风沙等恶劣气象条件下和冰雪路面的危险源,有针对性地进行防御性驾驶。

1. 雨天危险源辨识与防御性驾驶

雨天驾驶客运车辆行驶的危险性主要有:路面湿滑,制动距离延长,桥涵、低洼区域积水,通行困难,在路面积水高速行驶易出现"水滑"现象。雨天路上行人、骑车人视线受限,观察和反应能力下降,行车安全风险加大。如果遇到突降暴雨,会给安全行车带来风险,强行通过低洼深积水处易导致车辆熄火,山区道路易发生山洪、泥石流,雷雨天气易发生雷击现象。

驾驶客运车辆在雨天行驶,应开启前照灯、示廓灯和后位灯,低速行驶,保持比晴天更大的横向、纵向安全间距,跟车行驶要与前车保持干燥路面1.5倍以上的跟车距离。雨天涉水行驶后,应反复轻踩制动踏板,尽快恢复制动器工作效能。雨天行驶速度过高,易出现"水滑"现象,导致车辆失控,发生横滑或侧滑。为避免出现"水滑"现象,应低速行驶。雨天行车发生"水滑"现象时,应该握稳转向盘，松抬加速踏板降低车速，避免紧急制动。

2. 雪天危险源辨识与防御性驾驶

雪天驾驶客运车辆的主要风险有车辆稳定性下降、操控难度大，制动距离延长、方向易跑偏，车辆容易侧滑。冰雪路面行驶的危险性是制动距离延长。雪天在山区道路、弯道背阴、桥面路侧容易积雪结冰。发现前方路面大面积结冰时，最好的处置方法是寻找安全地点停车。严寒天气条件下安全行车，需要使用防冻的玻璃清洗液。

驾驶客运车辆在积雪路面行驶时，为了预防车辆侧滑，有条件时应安装防滑链，沿前车车辙低速平稳行驶。雪天驾驶客运车辆，如果制动或转向过急，易导致侧滑、甩尾、转向失控。客运车辆在冰雪路面发生侧滑时，应立即向后轮侧滑

的方向转动转向盘修正。行至陡坡时，如果前面有车正在爬坡，应在坡底停车等待。

雪天驾驶客运车辆遇前方行人、骑车人占道时，应主动避让，确保安全。遇慌乱的行人或骑车人妨碍通行时，要减速慢行，多留余地，尽量避让，确保安全。

雪天驾驶客运车辆需要减速、停车和处理紧急情况时，应利用发动机制动作用降低车速，也可轻踩制动踏板进行辅助，不得使用紧急制动，以免侧滑或转向失控。

案例

一辆大型客运车辆（核载47人，实载30人）以70公里/小时的速度行驶至山西省大同市绕城高速公路一冰雪覆盖的下坡转弯处时发生侧滑，与路边旅游标志立柱相撞后侧翻，致11人死亡、19人受伤。这起事故的教训是：冰雪路面行车易侧滑，冰雪路面车速控制不当极易出事故，积雪下坡弯道是高风险行车路段。

3. 雾天危险源辨识与防御性驾驶

雾天行车时，能见度低，不易发现路面障碍和对向来车，不能准确判断跟车距离，看不清道路标志、标线，危险性较大。雾天驾驶客运车辆，应开启近光灯、雾灯和危险报警闪光灯、示廓灯和前后位灯。不得开启远光灯，以免灯光在雾中折射影响视线。车辆行驶过程中，适时鸣喇叭提醒其他交通参与者注意，合理控制车速，保持比晴天更大的横向、纵向安全间距。能见度过低需要临时停车时，要选择安全地点停车。

4. 高温天气危险源辨识与防御性驾驶

高温天气驾驶客运车辆行驶的危险性，主要有胎温、胎压过高影响行车安全，车辆电路、油路故障易引发车辆自燃，驾驶员易烦躁、疲劳驾驶，夏天清晨和傍晚路边纳凉的行人会穿行。高温天气条件下行车，驾驶员感到视线模糊、反应迟钝或感觉疲劳时要及时，一定要在安全地点停车休息，选择正确方法缓解驾驶疲劳。行车中如果发现轮胎温度过高，应选择阴凉处停车降温，发现冷却液温度表读数达到100摄氏度时，立刻选择安全地点停车降温。

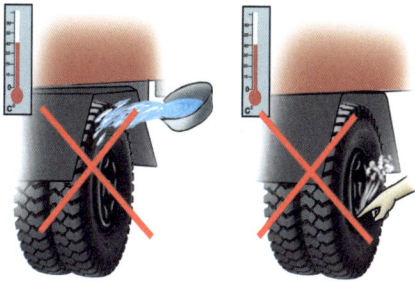

（四）高速公路的危险源辨识与防御性驾驶

驾驶客运车辆上高速公路行驶前，驾驶员要了解天气情况、道路通行状况，提前熟悉行驶路线，检查车辆安全状况，做好充分准备工作。

1. 高速公路事故预防措施

驾驶客运车辆在高速公路行驶，应该严格遵守限速规定，超车时不得超过最高限速。跟车行驶时，正常情况下，车速为100公里/小时，跟车距离为100米以上。高速公路设置的避险坡道，供车辆在紧急情况下避险停车使用。高速公路每隔一段距离留有应急口，供紧急情况车辆掉头时使用。

2. 高速公路危险源预测

驾驶客运车辆在高速公路行驶时，车速快、道路交通环境单一，驾驶员容易

感到枯燥、松懈或困倦，长时间驾驶会导致疲劳。突然闯入的动物、超速行驶、紧急制动、违法停车，都会给高速公路行车带来安全隐患。高速公路上发生的追尾事故，一般是由于前车突然紧急制动，后车跟车距离太近造成的。驾驶客运车辆在高速公路以低于60公里/小时的车速进入行车道、随意上下客等行为，也容易引发追尾碰撞事故。

3. 高速公路防御性驾驶

驾驶大型客运车辆在高速公路行驶，要严格遵守高速公路通行规定，在右侧慢速车道内行驶，注意与其他车辆保持足够的安全间距，因前车紧急制动造成追尾事故，后车负全部责任。遇其他车辆从左侧或右侧超越时，应握稳转向盘及时减速。被小客运车辆超越后，为预防其突然并线，应提前轻踩制动踏板减速。遇施工路段，应遵守限速规定提前减速。遇到堵车

时，不得借路肩或应急车道通过。一旦错过了出口，应继续行至下一出口。长时间驾驶客运车辆高速行驶后，驾驶员对车速的感觉变得迟钝，常常会低估车速，要通过间断性地查看车速表来确认车速。

驾驶客运车辆在高速公路行驶，发现前方有遗洒物品时，要立即减速，切不可猛转转向盘躲避，避免发生车辆侧翻事故。客运车辆在高速公路发生故障或遇紧急情况被迫临时停车，应打开危险报警闪光灯，按规定在车后150米外放置警告标志，组织旅客转移到护栏外等待救援，拨打救援电话。雨天驾驶客运车辆在高速公路行驶，为了防止"水滑"现象的发生，在弯道或斜坡地段要尽量减速行驶，高速公路下坡转弯路段禁止变更车道。

（五）夜间行车危险源辨识与防御性驾驶

夜间客运车辆车灯的灯光照射范围和亮度有一定的限度，危险源比白天增多，遇到突然情况或危险时，反应和处置时间相对较短、危险性大。夜间的防御性驾驶要强调在灯光能显示出车的轮廓时就打开车灯，开灯不仅仅是为了照明，更重要的是为了提醒其他交通参与者。

1. 夜间的危险因素

夜间行车，潜在很多的危险因素。由于夜间驾驶员的视线受到限制，夜间即使开着前照灯，可视距离也比白天变短，遇到突然情况或危险时，反应和处置时间相对较短、危险性大。夜间驾驶客运车辆长时间行驶，视野受限，驾驶员生理方面容易疲劳或产生错觉，出现头晕、视物模糊、困倦等症状，威胁行车安全。夜间可视距离短、灯光炫目及疲劳驾驶、醉酒驾车、闯红灯等违法

行为较多，都是危险性因素。

2. 夜间防御性驾驶

夜间驾驶客运车辆行驶，应降低车速，车速控制在制动距离在前照灯照射范围之内，会车时使用近光灯，不能越过道路中心实线行驶，随时准备应对突发情况。发现路旁停有车辆或自行车时，要减

速行驶，注意观察动态变化，随时准备避让危险行为。会车遇对向来车坚持使用远光灯时，应避免直视对方灯光，必要时停车让行。

夜间跟车行驶时，保持比白天更大的跟车距离，尽量减少超车次数。夜间在没有照明的道路条件下行驶时，应使用远光灯。跟车行驶，应在距离前车150米时改用近光灯。遇后车使用远光灯产生炫目时，及时调整后视镜的角度，尽量避免变换车道。

夜间驾驶客运车辆会车时，要特别注意两车灯光交会处形成的盲区，避免发生交通事故。夜间通过急转弯或陡坡路段时，要预见到前方看不到的路面可能存在危险，提前鸣喇叭，减速并做好制动准备。

第三节 道路旅客运输应急处置

道路上的情况瞬息万变，危险随时都会出现，事故可能在瞬间就会发生。而对复杂的道路交通情况，客运驾驶员只要应急措施到位，就能避免危险和事故的发生。危险情况处置的核心是应急措施及时、恰当、有效，能够最大限度地规避险情和避免事故发生，一旦发生事故，也能将损失降到最低。

一 紧急、突发情况应急处置

常见的危险情况有：行驶途中发动机突然熄火、转向失控、制动失灵、车辆侧滑、爆胎、下长坡制动无效、撞车、倾翻、火灾等。

1. 紧急、突发情况的处置原则

驾驶客运车辆行车中，处置紧急情

况时遵循的原则是，坚持沉着冷静，迅速果断，及时减速，控制方向，优先避人，避重就轻。驾驶客运车辆遇到险情时，要沉着、冷静、镇定，保持良好心态，采用恰当的避险措施，不得抱着侥幸心理急转转向盘避让，不应进入逆向车道行驶、不应闯红灯等，如果采取措施不当，会使损失扩大。发生紧急情况时，可采取开启危险报警闪光灯、变换远近光灯、连续鸣喇叭、必要时打手势等些措施，向其他交通参与者发出警告信号。临危处置时可供选择的正确方法是控制方向，及时制动减速，不得急转转向盘。客运车辆在车速较高时急转向，易造成车辆侧滑或侧翻。

前方有障碍物时，在道路交通条件允许的前提下，可采取转向避让同时减速的措施。驾驶客运车辆高速行驶，突然发现前方道路中间停有故障车辆时，避免急转方向躲避。遇紧急情况，采用转向避让的方法进行临危处置时，应向危害较小的一方避让。发生碰撞、出现爆炸隐患紧急避险时，要先考虑人的安全，即先人后物，尽量避开损失较重或危害较大的一方，以减轻事故的后果。

驾驶客运车辆低速行驶，突然发现

2. 发动机突然熄火应急处置

驾驶客运车辆行驶途中，由于油路或电路故障，会导致发动机突然熄火。发动机由于故障突然熄火，再次启动成功或不能再次启动，都应利用惯性停到路边检查故障。如果发动机突然熄火，不及时靠边停车或者立即原地制动停车检查原因，容易导致被后车追尾的事故。

3. 转向失控应急处置

驾驶客运车辆行驶中，发现转向阻力突然增大，但还可以转向时，应握稳转向盘，及时减速，选择安全地点停车，查明

原因。直线行驶，发现转向突然失控时，要立即松抬加速踏板，缓踩制动踏板，根据情况使用驻车制动器辅助制动，不可采取紧急制动。驾驶装有动力转向装置的客运车辆行驶中突然感到转向困难时，要握稳转向盘，尽快减速，选择安全地点停车。

案例

　　一客运驾驶员驾驶装有ABS的客运车辆行驶过程中突然发现转向失控，恰逢前方是傍山险路，驾驶员应正确的应急处置方法是：果断制动停车。

4. 制动失效应急处置

　　驾驶客运车辆行驶中，制动管路破裂或制动液、气压不足会导致制动失效。驾驶客运车辆在平直路段行驶发现行车制动突然失灵时，要沉着冷静，在控制好方向的前提下，立即松抬加速踏板，抢挂低速挡减速，使用驻车制动减速、停车。液压制动客运车辆制动失灵时，可用连续多次踩制动踏板方法尝试恢复制动。在高速公路下坡路段制动突然失效时，应优先选择避险车道停车。使用驻车制动器辅助制动时，不可将手柄一次拉紧，一次拉紧驻车制动器手柄容易将驻车制动盘"抱死"，损坏传动机件，丧失制动力。

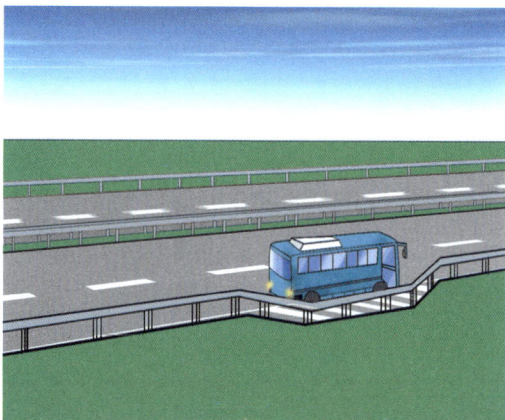

5. 轮胎漏气、爆胎应急处置

　　客运车辆超速行驶、轮胎胎压过低或过高、轮胎磨损严重、车辆超员，都会导致轮胎漏气或爆胎。客运车辆轮胎突然发生故障时，应松抬加速踏板，握稳转向盘，尽快驶向路右侧停车查找原因。客运车辆行驶中感到车身倾斜，并且倾斜随行驶时间的延长而加重时，一般情况下是一侧轮胎漏气。发现轮胎漏气时，正确的应急处置方法是平稳制动减速，握稳转向盘，驶离行车道，选择安全地点停车。

　　客运车辆行驶中发生轮胎爆裂时，会出现车身一侧突然下沉，发出"砰"的声音，车辆出现振动。客运车辆车尾突然摇摆不定，但可以控制方向，一般情况下是后轮爆胎。客运车辆行驶方向突然向右跑偏，转向盘无法控制，一般情况下是右前轮爆胎。前轮爆胎比后轮爆胎的危险性大。前轮突然爆胎，正确的应急处置方法是，双手握稳转向盘，松抬加速踏板，控制方向后轻踏制动踏板。

6. 客运车辆侧滑、侧翻应急处置

驾驶客运车辆在泥泞路面紧急制动、溜滑路面猛转转向盘、冰雪路面紧急制动，容易发生侧滑或侧翻。雨天路面上紧急制动或猛转转向盘，易造成侧滑或行驶方向失控。驾驶客运车辆行驶中发生侧滑时，要松抬制动踏板，向侧滑方向轻转转向盘并及时回正，向侧滑的反方向转向修正会加剧侧滑。

案例

某日天刚降小雨，一客运驾驶员驾驶客运车辆行驶在弯道转向时发生侧滑。驾驶员的正确应急处置方法是：松抬制动踏板，向侧滑方向轻转转向盘并及时回正。

7. 客运车辆起火应急处置

客运车辆漏油、电路短路、发生碰撞，驾驶员或旅客吸烟，都容易造成车辆起火。客运车辆在行驶中起火时，驾驶员应立即停车，关闭油、路电路，疏散旅客，尽量将车驶离加油站及附近有高压电

线等易燃易爆的危险地段，报警并灭火。组织旅客逃生时，应迅速打开前后车门、安全门、安全顶窗和安全窗，从车窗逃生要用安全锤或其他坚硬物敲击安全玻璃的四个角。组织旅客逃离火灾现场时，应往逆风处方向躲避。

驾驶员救火时，要脱去所穿的化纤服装，注意保护暴露在外面的皮肤。不要张嘴呼吸或高声呼喊，以免烟火灼伤上呼吸道。扑灭油箱起火时，用浸湿的厚布、纯棉工作服、车载灭火器、砂土。轮胎着火，可用水扑救。如果不知道用什么方法灭火，不可盲目扑救。发动机着火时，要迅速关闭发动机，尽量不要打开发动机舱盖灭火。用灭火器灭火时，应将灭火器对准火源根部。

8. 突遇自然灾害应急处置

山区道路旁的深谷或沟内传来类似火车轰鸣或闷雷般的声音时，应预测到会有泥石流等自然灾害发生。驾驶客运车辆突遇泥石流，组织旅客逃生时，注意不要让乘客携带重物，要向泥石流方向的两边躲避。

行驶中突遇地震时，应组织旅客尽快下车，避开建筑物、电线杆，选择开阔地带、空旷地段蹲下或趴下，以免摔倒。

9. 遇恐怖袭击时应急处置

驾驶客运车辆被恐怖分子劫持后，要保持冷静，不主动对抗、激化矛盾，寻找

时机向警方求救。向警方求救时应尽可能提供两方面的详细信息，如所在位置、人质人数、恐怖分子人数及所持器械等及可以依靠的有利条件。

10. 发生爆炸时应急处置

客运车辆发生爆炸燃烧时，驾驶员要迅速打开应急车窗组织旅客逃生，拨打救援电话寻求救援，并根据爆炸燃烧危险程度，判断是否采取灭火措施。发生爆炸后，为了防止再次爆炸、扩大伤亡，要阻止逃生旅客返回车辆，不能组织旅客抢救贵重物品。

11. 乘客突发疾病时的应急处置

驾驶客运车辆行驶中，旅客出现了常见性病痛，要尽快靠边安全停车，配合乘务员提供帮助，稳定旅客情绪。有旅客出现生命危险时，拨打急救电话，向其他旅客解释，及时送往就近医院救治，并向公司领导汇报。

有旅客突发心脏病和肺病，出现呼吸

困难，让病人保持在原来的座位，并保持半坐姿势不可给病人乱服药。对于胸部剧烈疼痛的旅客，可用布单加压包扎胸部，以减少刺激性疼痛。对于旅客的腹部疼痛，可采用垫高膝盖的方法进行缓解。

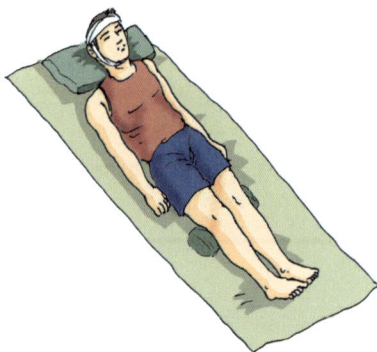

(二) 事故现场处置

驾驶客运车辆发生未造成人员伤亡，仅造成轻微财产损失的交通事故，妨碍交通时，应即行撤离现场，恢复交通。事故现场有人员伤亡时，应迅速拨打120急救援电话，保护现场，设置警告标志，疏散旅客到安全地点，将受伤者从车内安全转移，避免二次受伤。有人员伤亡的交通事故现场需要保护时，应标记车辆、伤员位置，标围封闭现场，遇雨雪等自然现象可能对现场造成破坏时，对尸体、血迹、制动印痕及现场散落物等进行遮盖。发生交通事故后肇事车逃逸时，要记清肇事车辆的车型、颜色、特征及逃逸方向，以及逃逸驾驶员的体貌特征等。交通事故报警需要说明的情况包括报警人的姓名、联系方式，事故时间、地点，人员伤亡情况，事故车及肇事车详细情况，是否载有危险品及危险品种类。

1. 事故现场自救与互救原则

客运驾驶员在事故现场抢救伤员的原则是先救命后治伤，陷入昏迷的伤员首先送往医院。伤员被压于车轮或货物下无法自行下车时，可设法移动车辆或搬掉货物，从车中移出伤员或搬运伤员时动作要轻缓。事故现场抢救伤员，要注意隐蔽性损伤，如脑出血、腹内脏器出血等，根据伤势采用相应的救护方法。

2. 事故现场危重伤员的应急救治措施

客运驾驶员在事故现场抢救昏迷失去知觉的伤员前，应检查伤员的呼吸，让其保持侧卧。伤员呼吸中断的症状表现为无呼吸声音和无呼吸运动，发现伤员呼吸中断后，要立即进行抢救，否则会由于缺氧而危及生命。抢救呼吸中断伤员，应抬起伤员下颌帮助呼吸，如果伤员不能呼吸，设法排除伤员嘴和咽喉中的异物，迅速采用人工呼吸方法抢救。抢救中毒伤员时，先把伤员移到有新鲜空气的地方，对昏迷不醒的伤员保持侧卧位，对呼吸停止的伤员实施人工呼吸。

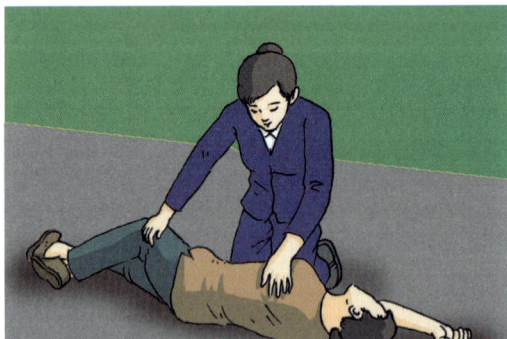

客运驾驶员在事故现场，发现症状表现为额部出汗、口吐白沫、焦躁不安、脉搏虚弱、面色苍白、四肢发凉的休克伤员时，将伤员安置到安静的环境，抬起伤员的腿至垂直状态，设法对伤员进行保暖，反复检查呼吸和脉搏，迅速呼救伤员，并送往医院进行。抢救失血过多的伤员，可通过外部压力止血，然后系上绷带，防止

休克。为了防止烧伤伤员休克，应让伤员适量饮淡盐水。

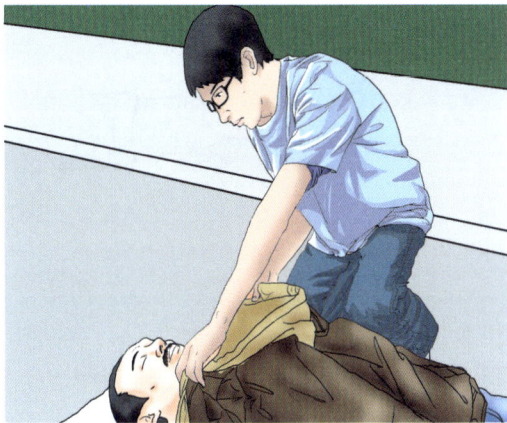

客运驾驶员在事故现场发现伤员头部受伤不严重时，可对伤部止血后，扶伤员靠墙或树旁坐下，用垫子将头和肩垫好。头部受伤伤员出现昏迷，要密切关注伤员呼吸和脉搏。救护关节损伤（扭伤、脱臼、骨折）、脊柱受损的伤员时，注意保持损伤瞬间的位置，一定不能改变损伤瞬间的位置或自行复位。运送骨折伤员时，要遵循医护工作人员的指导。抢救脸部烧伤的伤员，用水冲洗脸部，不可使用粉剂、油剂、油膏或油等敷料。

三 常用救护方法

常用救护方法，是客运驾驶员在遇到交通事故意外伤害的伤员时，对伤者进行初步救护的一般方法。驾驶员在事故现场正确地使用常用救护方法及时进行施救，目的是挽救生命，减轻伤残，为医疗机构抢救赢得时间。以免错过了最佳急救时间，造成伤员的死亡和致残。

1. 指压止血法

指压止血法是指伤员较大的动脉出血后，用拇指压住出血的血管上方（近心端），使血管被压闭住，中断血液流出。使用指压止血法止血时，要用拇指压住近心端动脉。

（1）颞动脉压迫止血法：用于伤员头顶及颞部动脉出血。用拇指或食指在耳前正对下颌关节处用力压迫。使用颞动脉压迫止血法时，需要用拇指或食指压住耳前正对下颌关节处。

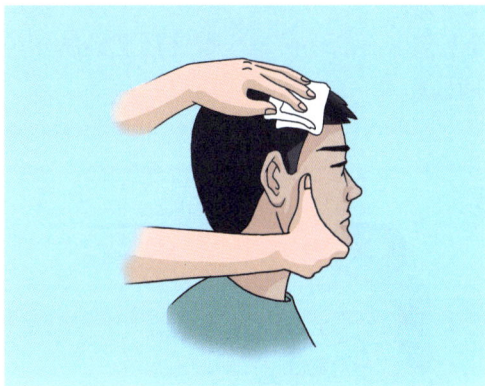

（2）颌外动脉压迫止血法：用于伤员肋部及颜面部的出血。用拇指或食指在下颌角前约半寸外，将动脉血管压于下颌骨上。

（3）颈总动脉压迫止血法：常用在伤员头、颈部大出血，采用其他止血方法无效时使用。在气管外侧，胸锁乳深肌前缘，将伤侧颈动脉向后压于第五颈椎上，但禁止双侧同时压迫。

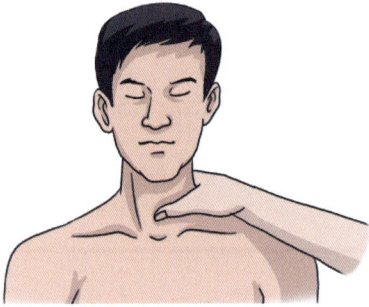

2. 包扎止血法

包扎止血法是指用绷带、三角巾、止血带等物品，直接敷在伤员伤口或结扎某一部位的处理措施。事故现场为伤员包扎止血时可用的物品有绷带、三角巾、止血带。

（4）肱动脉压迫止血法：用于伤员手、前臂及上臂下部的出血。在伤员上臂的前面或后面，用拇指或四指压迫上臂外侧动脉血管。事故现场救护手、前臂及上臂上部出血的伤员时，可使用肱动脉压迫止血法。

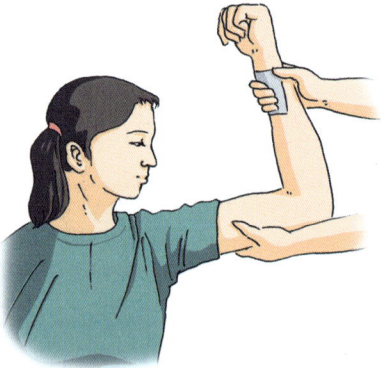

（1）止血带出血：下肢止血要用弹性的橡皮管、橡皮带，结扎于大腿的中部。上肢止血要用弹性的橡皮管、橡皮带，结扎于上臂上1/3处。用止血带止血法为伤员包扎时，应先将伤肢抬高，底部垫上敷料或毛巾等软织物，将止血带绕肢体两周，在外侧打结固定。标明扎止血带的时间，每40分钟放松一次救护较大动脉出血的伤员时，应使用止血带止血法。

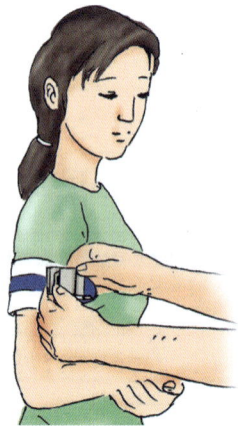

（5）锁骨下动脉压迫止血法：用伤员于腋窝、肩部及上肢出血。用拇指在伤员锁骨上凹摸到动脉跳动处，其余四指放在伤员颈后，以拇指向下内方压向第一肋骨。现场救护腋窝、肩部及头顶出血的伤员时，可使用锁骨下动脉压迫止血法。

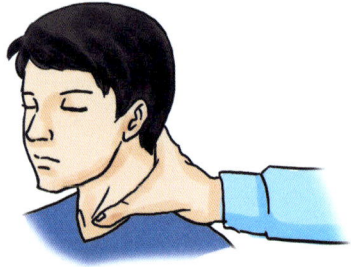

（2）加压包扎止血法：适用于小动脉、静脉及毛细血管出血。用消毒纱布垫敷于伤口后，再用棉团、纱布卷、毛巾等

折成垫子，放在出血部位的敷料外面，然后用三角巾或绷带紧紧包扎起来，以达到止血目的。一般小动脉和静脉出血时，可用的止血方法是加压包扎止血法。

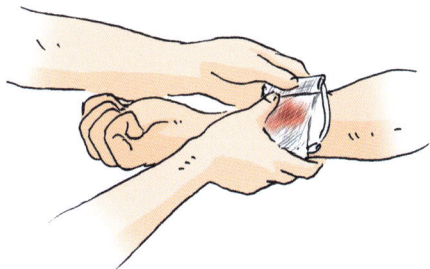

（3）加垫屈肢止血法：在上肢或小腿出血，且没有骨折和关节损伤时，可采用屈肢加垫止血。伤员上臂出血时，可用一定硬度、大小适宜的垫子放在腋窝，上臂紧贴胸侧，用三角巾、绷带或腰带固定胸部。

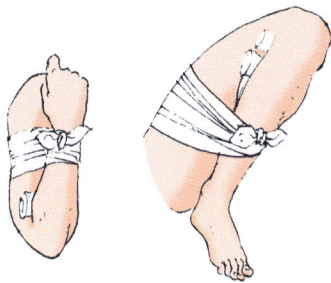

3. 绷带包扎法

事故现场用绷带包扎伤员伤口的目的，是固定覆盖伤口的纱布，固定骨折或挫伤，压迫止血，保护患处。使用绷带包扎不能过紧或过松，否则会使血液循环不良或固定不住纱布。打结时，不能在伤口上方或身体背后。在没有绷带而必须急救的情况下，可用毛巾、手帕、床单（撕成窄条）、长筒尼龙袜子等代替绷带包扎。

绷带包扎法中的环形法多用于伤员手腕部，肢体粗细相等部位的伤口。蛇形法

多用于夹板的固定，先将绷带按环形法缠绕数圈，按绷带的宽度作间隔斜着上缠或下缠。螺旋形法多用于肢体粗细相同处，先按环形法缠绕数圈，上缠每圈盖住前圈三分之一或三分之二呈螺旋形。螺旋反折法多用于肢体粗细不等处，先按环形法缠绕，待缠到渐粗处，将每圈绷带反折，盖住前圈三分之一或三分之二，依此由下而上地缠绕。

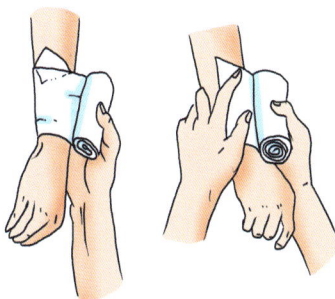

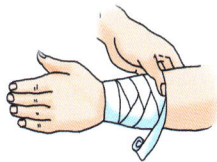

4. 三角巾包扎法

三角巾包扎法适用于包扎创面较大、安装固定夹板、手臂悬吊等伤口的伤员。伤员普通头部包扎是先将三角巾底边折叠，把三角巾底边放于前额拉到脑后，相交后先打一半结，再绕至前额打结。伤员普通面部包扎是将三角巾罩于面部，剪孔处正好露出眼、鼻、口；三角巾左右两角拉到颈后环绕后在前面打结。伤员风帽式头部包扎是将三角巾顶角和底边中央各打一结成风帽状。

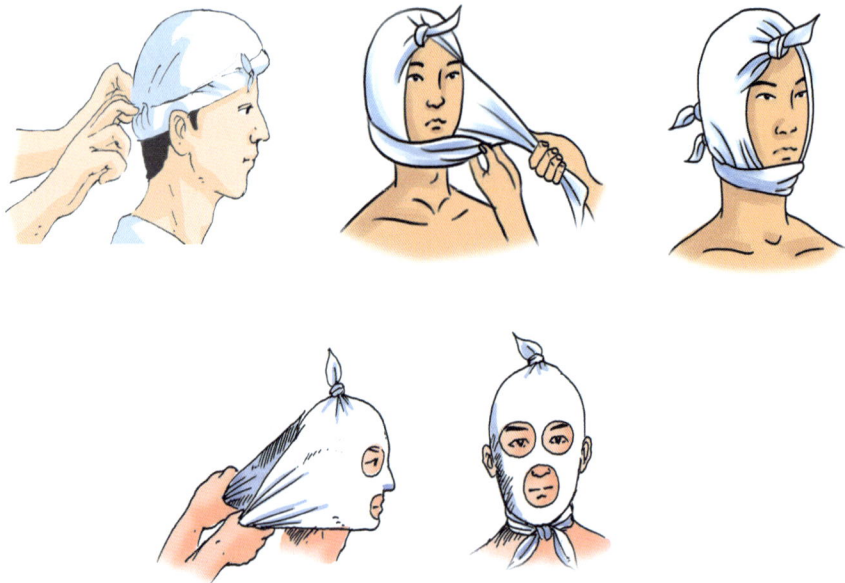

5. 骨折固定法

事故现场救护骨折的伤员，运送骨折伤员去医院的途中，都需要对伤员骨折部位进行必要的固定。固定伤员的骨折部位时，要固定骨折的两端和上下两个关节，力求稳妥牢固。上肢固定时，肢体要弯着绑屈肘状。下肢固定时，肢体要伸直绑。使用肱骨骨折固定法时，如只有一块夹板，则夹板放在外侧加以固定，用三角巾悬吊伤肢。使用脊柱骨折固定法时，将伤员轻巧平稳地在保持脊柱安定状况下，移至硬板担架上，用三角巾固定。

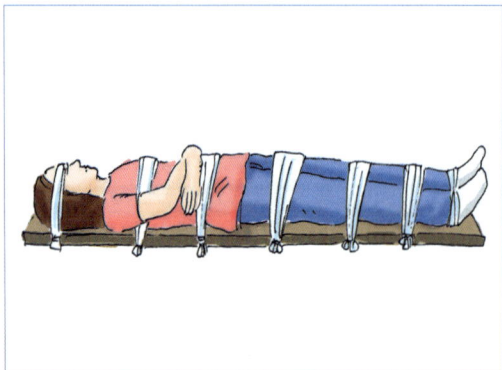

（四）疫情防控知识

客运驾驶员要严格遵守交通运输部门的通行规定和相关疫情防控措施。加强学习疫情防控知识，增强防护意识和能力。

行车前配合其他司乘人员做好自我防护、乘客体温检测、长途客运旅客实名登记等措施，并倡导乘客佩戴口罩乘车，持续做好运输服务保障工作；途中遇有发热的乘客，要按照相关联防联控机制及时进行处理，做好自身及其他乘客的防护工作，并以最快方式将发热乘客送至留验站；三类以上道路客运班线客车要严格执行"点对点"运输，不得站外上下客、不得在未设置卫生检疫站的站点配客，客运包车不得招揽包车合同以外的乘客。收车后要进行手部卫生。

在高速公路服务区、收费站、省界等地点设置的卫生检疫站，服从体温检测，耐心等待。参加应急运输的司乘人员，要做好自身防护，减少感染风险。

第四节　伤员急救

一　指压止血法

用手指压迫伤口近心端的动脉，阻断动脉血流，有效地达到快速止血的目的。指压止血法用于出血多的伤口。

操作要求：

（1）指压动脉压迫点准确；

（2）压迫力度适中，以伤口不出血为准；

（3）压迫10～15分钟；

（4）保持伤处肢体抬高。

1. 颞浅动脉止血

（1）压迫位置在同侧耳前，位于耳屏上方1.5厘米处；

（2）用拇指压迫颞浅动脉止血。

2. 肱动脉止血

（1）压迫点位于上臂中段内侧，位置较深；

（2）在上臂中段的内侧摸到肱动脉搏动后，用拇指按压止血。

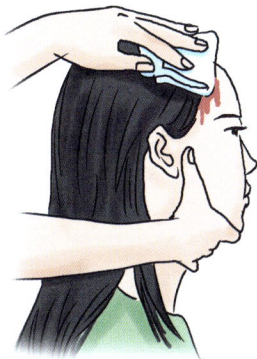

3. 股动脉止血

（1）压迫点在腹沟韧带中点偏内侧下方，能摸到股动脉强大搏动；

（2）用拇指或掌根向外上压迫，用于下肢大出血时止血。

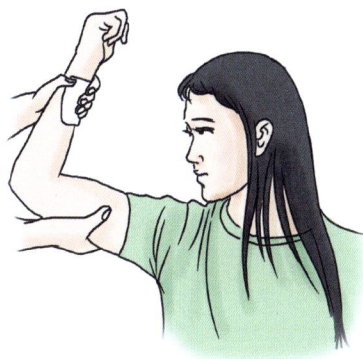

4. 桡、尺动脉止血

（1）压迫点在腕部掌面两侧；

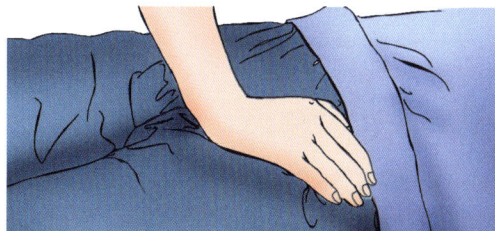

（2）同时按压桡、尺两条动脉止血。

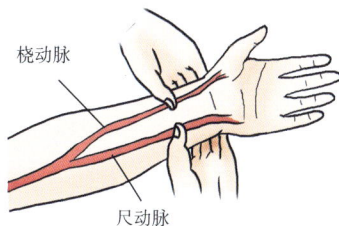

桡动脉

尺动脉

(二) 加压包扎止血法

用敷料或者其他洁净的毛巾、手绢、三角巾等覆盖伤口，通过加压包扎压迫出血部位进行止血。

操作要点：

（1）让伤员卧位，抬高上肢，检查伤口有无异物；

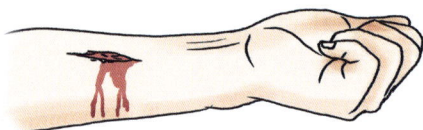

（2）用敷料覆盖伤口，辅料要超过伤口至少3厘米；

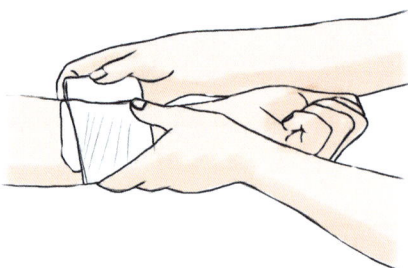

（3）用手施加压力直接压迫，用绷带、三角巾等包扎；

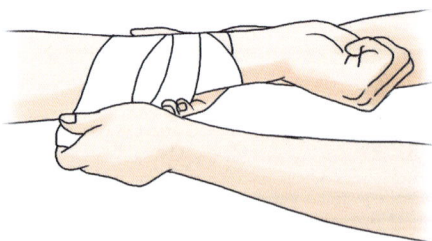

（4）检查包扎后的血液循环情况。

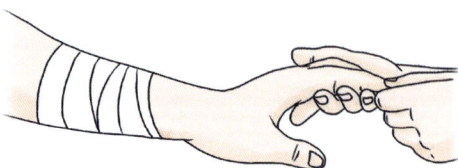

(三) 加垫屈肢止血

1. 上肢前臂加垫屈肢止血

（1）在肘窝处放置纱布或毛巾、衣物等物；

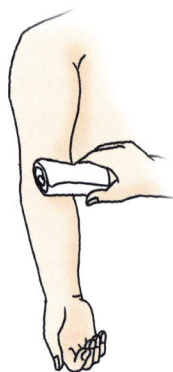

（2）肘关节屈曲，用绷带或三角巾屈肘固定。

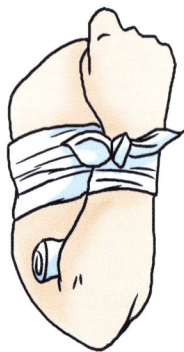

2. 上肢上臂加垫屈肢止血

（1）上臂止血，在腋窝加垫；

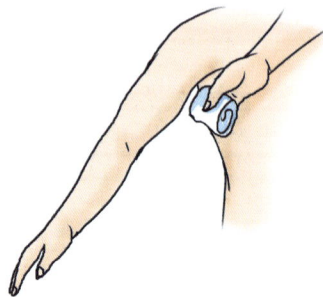

（2）将前臂屈曲于胸前，用绷带或三角巾将上臂固定在胸前。

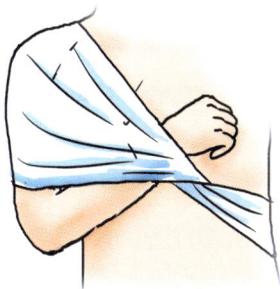

3. 下肢小腿加垫屈肢止血

（1）在腘窝处加垫；

（2）膝关节屈曲，用绷带屈膝固定。

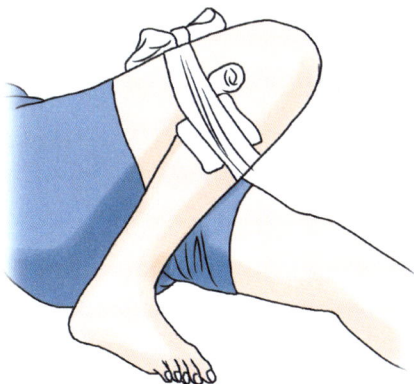

（四）绷带包扎法

1. 环形法

（1）用无菌敷料覆盖伤口，用左手将绷带固定在敷料上，右手持绷带卷绕肢体紧密缠绕；

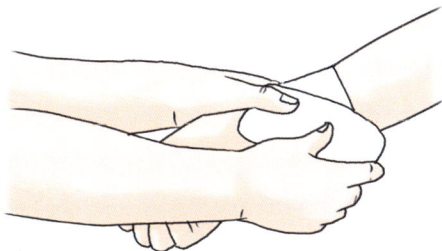

（2）将绷带一端打开稍做斜状环绕第一圈，将第一圈斜出一角压入环行圈内，环绕第二圈；环形缠绕4~5层，每圈盖住前一圈，绷带缠绕范围要超出敷料边缘；

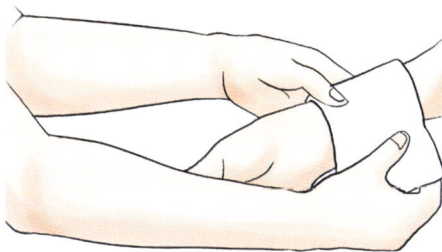

（3）最后用胶布粘贴固定，或将绷带尾部从中间纵向剪开形成两个布条，两布条先打一结，然后将两布条绕体打结固定。

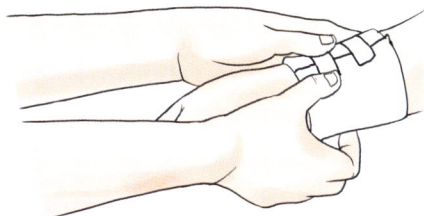

2. 手掌"8"字包扎

（1）用无菌敷料覆盖伤口；

（2）从手腕部开始包扎，先环形缠绕两圈；

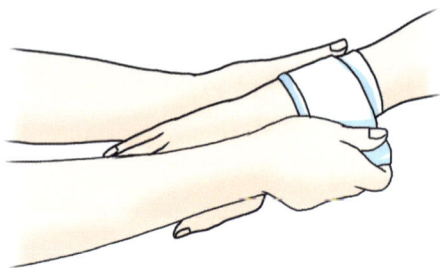

（2）先环形缠绕两圈；

（3）经手和腕进行"8"字形缠绕；

（3）从第三圈开始，环绕时压住上圈的1/2或1/3；

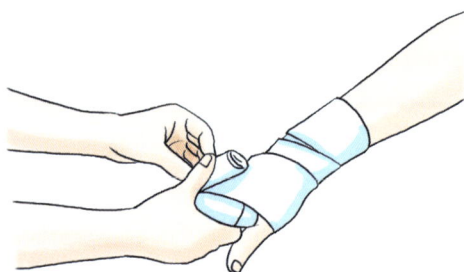

（4）将绷带尾端固定在腕部。

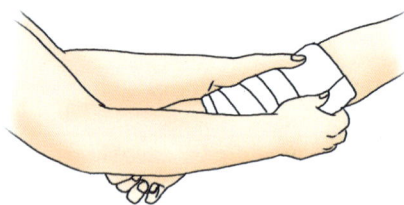

（4）用胶布粘贴固定。

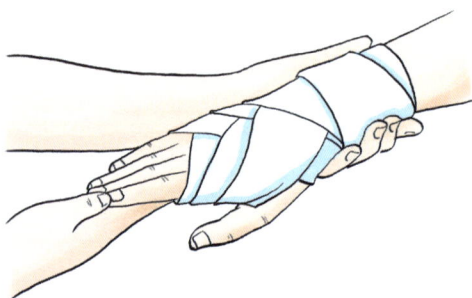

3. 螺旋包扎

（1）用无菌敷料覆盖伤口；

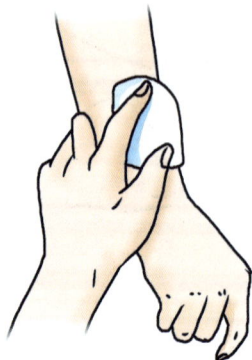

（五）三角巾包扎法

1. 头顶帽式包扎

（1）将三角巾的底边叠成约两横指宽，边缘置于伤员前额齐眉，顶角向后位于脑后；

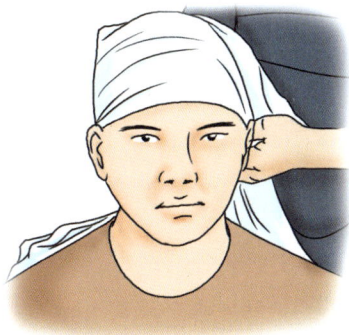

（2）三角巾的两底角经两耳上方拉向头后部交叉并压住顶角，再绕回前额相遇打结；

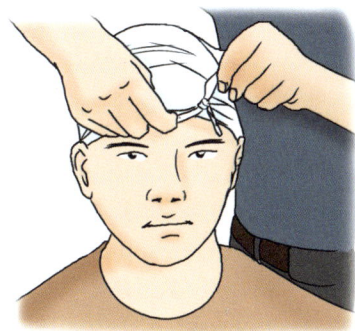

（3）顶角拉近，掖入头后部交叉处内。

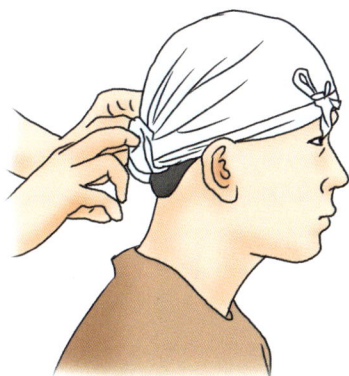

2. 肩部包扎
（1）三角巾折叠成燕尾式，燕尾夹角约90度，大片在后压小片，放于肩上；

（2）燕尾夹角对准侧颈部；

（3）燕尾底边两角包绕上肩上部并打结；

（4）拉紧两燕尾角，分别经胸、背部至对侧腋下打结。

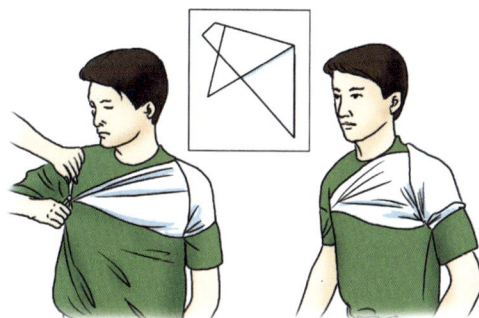

3. 胸部包扎
（1）三角巾折叠成燕尾式，燕尾夹角约100度，置于胸前，夹角对准胸骨上凹；

（2）两燕尾角过肩于背后，将燕尾顶角系带，围胸在背后打结；

（3）将一燕尾角系带拉紧绕横带后上提，再与另一燕尾角打结；

（4）背部包扎时，把燕尾巾调到背部即可。

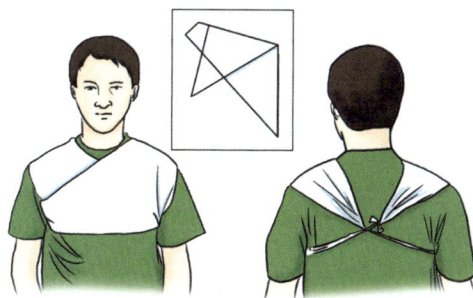

4. 腹部包扎
（1）三角巾底边向上，顶角向下横放在腹部；

（2）两底角围绕到腰部后打结；

（3）顶角由两腿间拉向后面与两底角连接处打结。

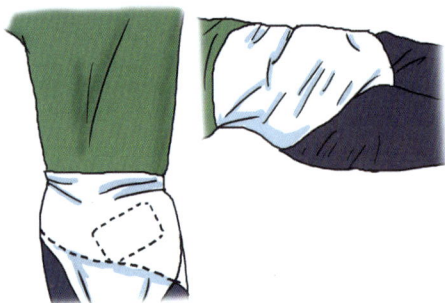

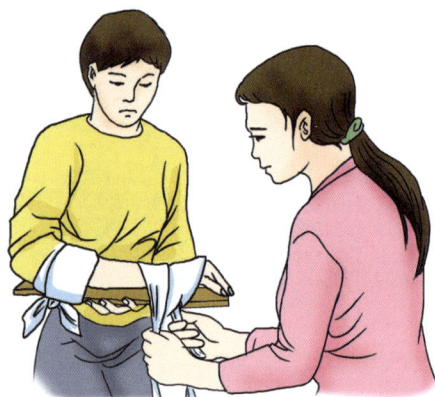

（六）骨折固定法

1. 前部骨折固定

（1）将上肢轻放于功能位；

（4）检查手指末梢血液循环情况；

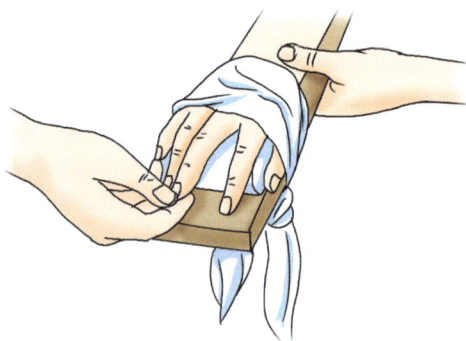

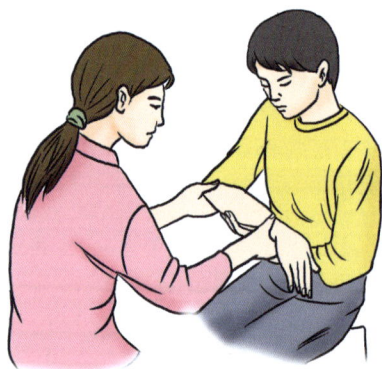

（2）置夹板超过肘腕关节，并在骨凸出处加垫；

（5）用大悬臂带悬吊前臂。

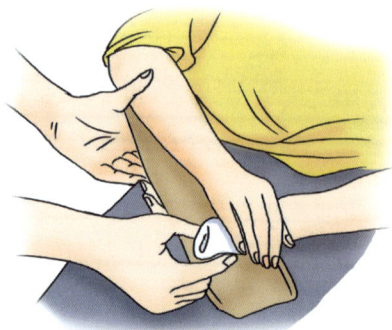

（3）先固定骨折部位上端，再固定骨折下端；

2. 下肢骨折固定

（1）轻轻抬起伤肢与健康肢并拢；

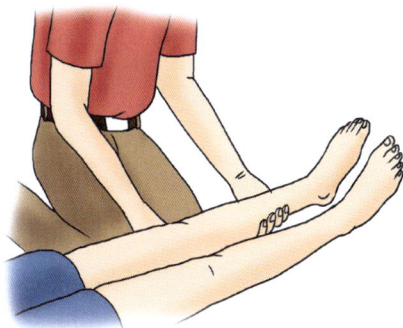

（2）放好宽布带，双下肢间加厚垫；

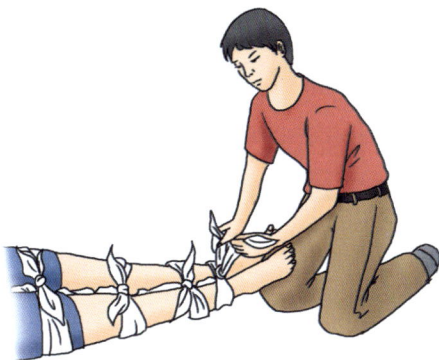

（3）自上而下打结固定；

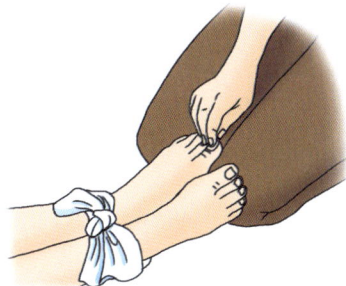

（4）检查脚部肢体末端血液循环；

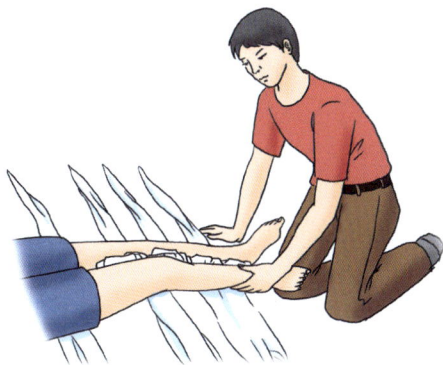

（5）双踝关节"8"字形固定。

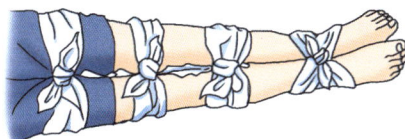

第五章 汽车使用技术

客运车辆是道路运输的必备运载工具。客运车辆能否可靠运行，直接影响着道路旅客运输的安全与效率。客运驾驶员要了解汽车维护与检测的基本知识，发动机、底盘、电气设备常见故障、轮胎的合理使用，节能与环保技术，汽车新技术应用等。

第一节 汽车维护与检测基本知识

汽车维护制度，是保障汽车运行安全的基本制度。为了保证道路运输车辆完好的技术状况和工作能力，必须按期对道路运输车辆进行维护作业。汽车维护的方针是"安全第一，预防为主"。

一、汽车维护的分类及作业内容

道路运输车辆的维护分为日常维护、一级维护和二级维护。汽车日常维护由驾驶员在每日出车前、行车中和收车后负责执行的车辆维护作业。一级维护和二级维护是由维修企业负责按期进行的车辆维护作业。

1. 日常维护

道路运输车辆日常维护作业的中心内容是清洁、补给和安全检视。每天出车前，客运驾驶员要检查汽车各部油液、各安全部位和装置运转情况、轮胎气压，对制动、转向、传动、灯光等部位进行检查、调整和紧固，补足胎压、剔除胎纹间的杂物，确保行车安全。行车中临时停车

休息时，要对车辆进行安全检视，检查轮胎气压、花纹间有无夹石，仪表灯光，轮毂温度等。收车后，需要对车辆进行检查、清洁，记录一天的车辆行驶情况。

2. 一级维护

道路运输车辆一级维护作业中心内容是清洁、润滑、紧固，并检查有关制动、操纵等安全部件。

3. 二级维护

道路运输车辆二级维护作业中心内容是以检查和调整转向节、转向摇臂、制动蹄摩擦片、悬架等经过一定时间的使用容

易磨损或变形的安全部件为主，并拆检轮胎，进行轮胎换位，进行轮胎换位的目的是使轮胎磨损趋于均衡，延长轮胎的使用寿命，防止轮胎不正常磨损，提高行车的安全系数。

4. 换季维护

道路运输车辆的换季维护，是根据季节变化对道路运输车辆进行的维护。夏季维护的主要内容是更换老化的刮水器片，及时清洁或更换空调滤芯，检查散热装置，检查蓄电池。冬季维护的主要内容是经常在严寒地区行驶的车辆要更换雪地轮胎，清理或更换机油滤清器、空气滤清器和汽（柴）油滤清器，添加蓄电池电解液、玻璃清洗液。

（二）道路运输车辆综合性能及检测要求

为了减少因车辆技术性能不良造成的交通事故和污染，提高道路运输车辆运行的安全性和可靠性，国家提出了道路运输车辆综合性能与检测要求。规定了道路运输车辆整车及发动机、转向系、制动系、行驶系、传动系、车身安全防护装置、照明、信号装置，其他电气设备和环保等有关运行安全和排污、噪声控制的技术要求。

1. 发动机技术要求

道路运输车辆发动机动力性能良好，运转平稳，怠速稳定。在发动机运转及停机时，所有连接部位均不应有明显的渗漏现象。柴油发动机停机装置必须灵活有效。

2. 转向系技术要求

道路运输车辆的转向盘转动灵活，操纵方便，无阻滞现象。转向轮转向后应能自动回正，以使车辆具有稳定的直线行驶能力。汽车在平坦、硬实、干燥和清洁的道路上行驶不跑偏、转向盘无摆振、不灵等异常现象。

3. 制动系技术要求

道路运输车辆的行车制动必须保证驾驶员在驾驶过程中，能控制汽车安全、有效地减速和停车。采用真空助力的行车制动系，当真空助力器失效后，可连续踩制动踏板制动，制动系仍能保持规定的应急制动性能。大于9座的载客汽车，行车制动踏板的行程应不大于150毫米。汽车行驶过程中，各车轮不允许有自行制动现象。

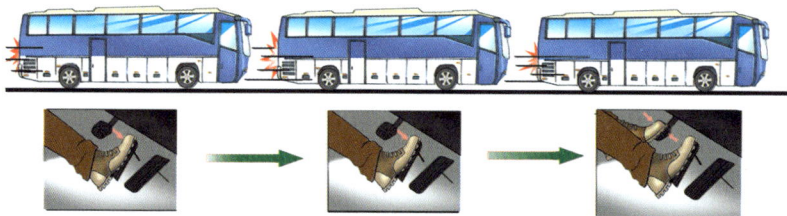

4. 行驶系技术要求

道路运输车辆的行驶系一般由车架、车桥、车轮和悬架等组成。悬架一般由弹性元件、导向机构、减振器组成，独立悬架有减少不平路面上车架和车身的振动、提高汽车的平均行驶速度、提高行驶稳定性和平顺性的特点。同一轴上的轮胎规格和花纹应相同，轮胎规格应符合整车制造厂的出厂规定。乘用车、挂车轮胎胎冠上花纹的深度应不小于1.6毫米。汽车装用的轮胎应与最高设计车速相适应。转向轮不得使用翻新轮胎。

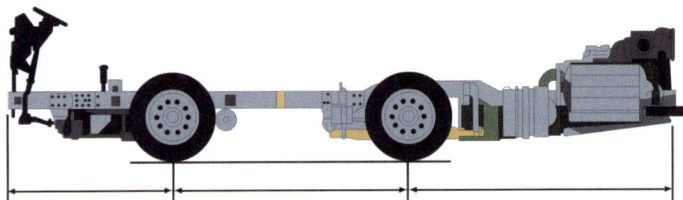

5. 传动系技术要求

道路运输车辆传动系的基本功用是将发动机发出的动力传给所有车轮。离合器是传动系中直接与发动机连接的部件，离合器踏板的自由行程符合整车技术条件的规定，接合平稳，分离彻底，工作时不应有异响、抖动或不正常打滑现象。换挡时变速器齿轮应啮合灵便，互锁、自锁和倒挡锁装置应有效，不得有乱挡和自行跳挡现象。装有分动器的汽车，应在挡位位置标牌或产品使用说明书上说明连通分动器的操作步骤。传动轴运转时不得有振抖、异响，中间轴承和万向节不得有裂纹、松旷现象。驱动桥工作时不得有异响，驱动桥壳、桥管不得有变形，驱动桥管不得有裂纹。

车外后视镜和前下视镜易于调整，并能有效保持调整后的位置。驾驶室内风窗玻璃处，设置防止阳光直射而使驾驶员产生炫目的装置，且该装置在汽车发生碰撞时，不会对驾驶员造成伤害。所有车窗玻璃，不得张贴镜面反光太阳膜。

道路运输车辆必须装备的安全防护装置有三角警告牌、灭火器，灭火器在车上应安装牢靠并便于取用。客运车辆还需装备安全锤（除空调卧铺客运车辆外，其他客运车辆需配备4把安全锤）。车长大于或等于6米的客车车身右侧仅有一个供旅客上下的车门时，为方便旅客应急逃生，应设置安全门。客车设置的安全门通道不足300毫米时，允许采用翻转座椅的方法加宽通道。

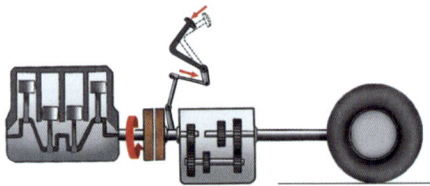

6. 安全防护装置技术要求

道路运输车辆的安全带应可靠有效，安装位置应合理，固定点有足够的强度。

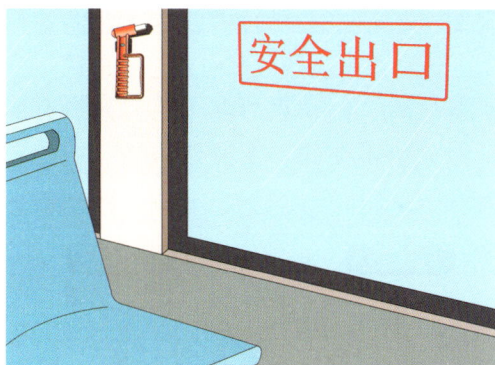

7. 外廓尺寸、轴荷及质量限值技术要求

道路运输车辆外廓尺寸、轴荷及质量限值的要求为乘用车及二轴客车的长度限值为12米，三轴客车最大允许总质量的限值是25000千克。

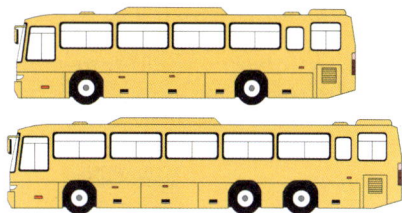

8. 燃料消耗量检测技术要求

道路运输车辆燃料消耗量检测，《道路运输车辆燃料消耗量检测和监督管理办法》规定，道路运输车辆要取得道路运输证，其车型必须在《燃料消耗量达标车型表》内，不符合道路运输车辆燃料消耗限值标准的车辆，不得进入道路运输市场。

第二节 汽车常见故障识别

汽车故障是指汽车机件和电气设备，部分或完全失去工作能力，致使车辆不能正常运行的现象。车辆发生故障后，及时进行诊断排除，对恢复汽车正常运行、降低消耗、提高运输效率有利，而且可以延长汽车使用寿命。道路运输车辆基本结构包括发动机、底盘、车身和电气设备四部分。车辆常见故障有发动机故障、底盘故障和电气设备故障。

一 发动机故障识别

汽车发动机常见故障有润滑系故障、燃油系故障、冷却系故障。

1. 润滑系故障判断

汽车发动机润滑系常见的故障有：机油压力过高、机油压力过低、机油消耗过多、无机油压力。发动机起动后机油压

力表显示值迅速下降，甚至降至0，说明发动机机油压力过低。发动机运转中，机油压力表显示值突然增高，说明汽车发动机机油压力过高。行车中，若发现发动机机油压力过低或过高时，应及时关闭发动机，进行故障诊断维修。

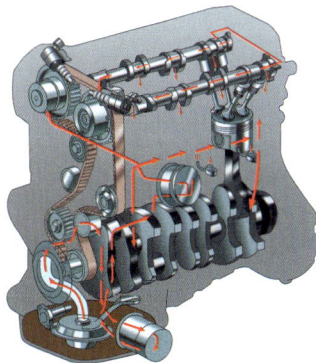

2. 燃油系故障判断

正常情况下，车辆燃油报警灯亮起，

原因是燃油箱储油量不足。燃油表指在"0"或"E"，说明燃油箱无油，要及时添加补充燃油。

3. 冷却系故障判断

冷却系故障主要是冷却系温度过高，温度表显示超过95摄氏度，继续升温，甚至沸腾。故障原因只要有：冷却液不足、风扇传动带松弛或断裂、冷却液管路失常、分水管损坏、汽缸体渗漏、水套内水垢过多、冷却液温度表或冷却液温度传感器失效等。

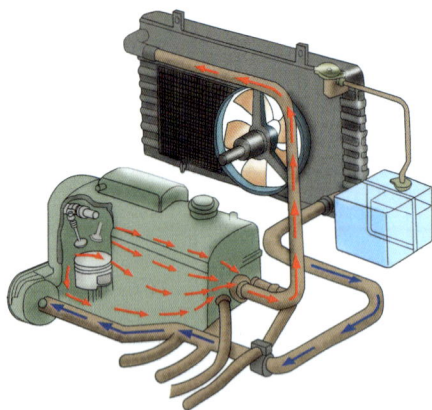

（二）底盘故障识别

汽车底盘故障有传动系故障、制动系故障、前桥、后桥和转向系故障。

1. 传动系故障判断

汽车传动系的功用有减速增矩、实现倒车行驶、必要时中断传动、差速作用。传动系常见的故障有离合器故障、变速器故障、制动系故障，主要故障有离合器分离不彻底、变速器跳挡、后桥异响等。

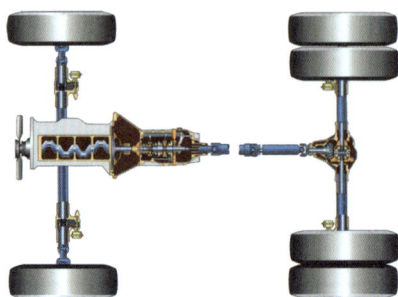

离合器的功用是保证汽车能平稳起步、保证传动系换挡时工作平顺、限制传动系承受的最大转矩。离合器故障有离合器分离不彻底、离合器打滑、离合器发抖、离合器异响。离合器踏板自由行程越大，离合器分离越不彻底。离合器踏板没有自由行程，会造成离合器打滑。汽车离合器打滑的原因有摩擦片过薄、间隙过大、压盘压紧弹簧状态不良、摩擦片状态不良、离合器盖安装螺栓松旷。

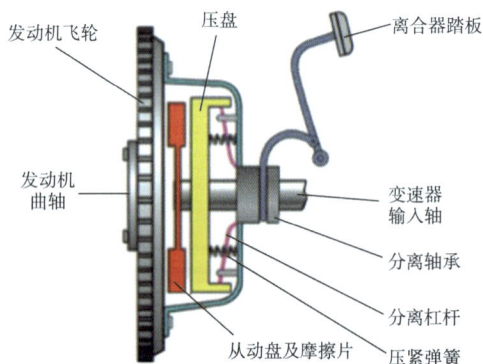

增大发动机输出的转矩和转速的变化范围，满足货车牵引力和车速变化需要的部件是变速器。变速器齿轮油品质下降，易造成变速器挂挡困难。汽车挂挡困难，有撞击声；挂挡后离合器踏板未抬起，汽车即行走或发动机熄火，故障原因是离合器分离不彻底。

2. 制动系故障判断

行车中，将汽车制动踏板踩到底，车辆不能立即减速、停车，说明制动器出现故障。汽车防抱死制动系统（ABS）报警灯亮起的原因有：轮速传感器发生故障、制动开关或制动灯故障。

汽车液压制动不良的原因有：制动片液变质、不足、有杂质，制动片摩擦材料磨损过量，真空助力器漏气、失效。

气压制动车辆制动管路接头松动漏气，会影响汽车制动效果。气压制动不良的原因有：储气筒气压不足、空气压缩机传动带打滑、制动踏板自由行程过大、制动管路破裂或接头松动漏气。

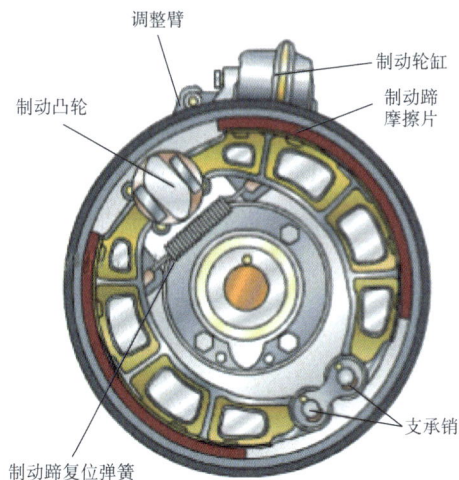

调整臂
制动轮缸
制动凸轮
制动蹄摩擦片
支承销
制动蹄复位弹簧

3. 前后车桥和转向系故障判断

汽车后桥润滑油量不足，会造成汽车行驶时后桥过热。半轴是在差速器和驱动轮部件之间传递动力的实心轴。车辆行驶中，不能保持直线方向，而是自行偏向一侧，故障原因是前桥和转向系失效。

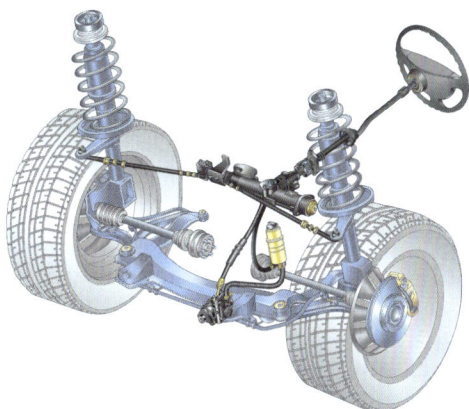

（三）电气设备故障识别

电气设备故障有蓄电池故障、起动机故障、充电系故障、照明及其他故障。

1. 蓄电池故障判断

蓄电池停用一段时间或数天后，电量自行消失，无法使用。原因是蓄电池外部不清洁，造成正、负极接线柱间导通；外部电路有个别短路；蓄电池内部电解液中含有过量的铜、铁等金属杂质，造成短路。

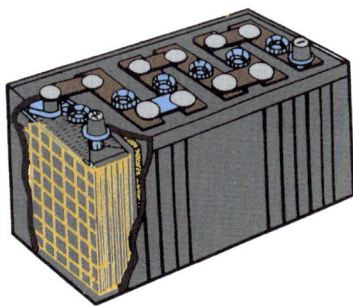

2. 起动机故障判断

转动点火钥匙至"START"位置，能听到起动机电磁开关动作的声音，但起动机不转或转动无力。原因有蓄电池电量不足或电源线接线柱接触不良，点火开关失效、继电器损坏、继电器接触不良、失效，电磁开关接触不良、失效，起动机电刷或换向器磨损、烧蚀、接触不良等。

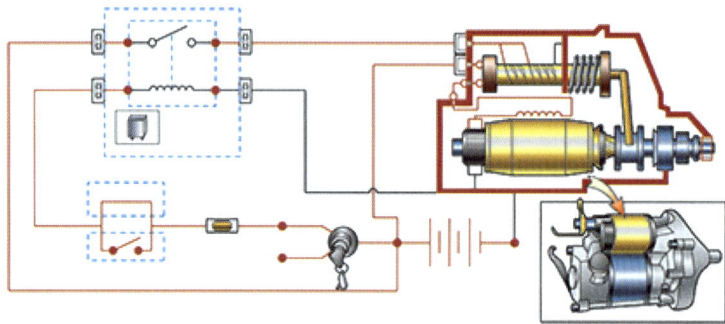

3. 充电系故障判断

充电指示灯亮或电流表指示放电，电流表指示值过小或大灯昏暗。原因有发电机传动带过松、打滑或断裂，电刷或滑环磨损、沾污、烧蚀、接触不良，励磁绕组或电枢导线短路或断路，电压调节器低速触点烧蚀、沾污或弹簧失效，整流二极管击穿或连接线断路等。

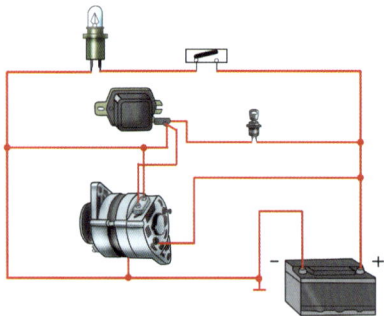

4. 照明及其他故障判断

前示廓灯一个灯不亮、前雾灯不亮，原因是灯泡损坏。前照灯一个灯不亮，原因是灯泡损坏或熔断丝烧坏。前后示廓灯都不亮、远近光灯都不亮、前后雾灯都不亮，原因是开关或继电器损坏、插座接触不良、熔断丝烧坏、线路故障。转向指示灯闪动过快，原因是一侧灯泡损坏、开关或继电器损坏、插座接触不良、线路故障。

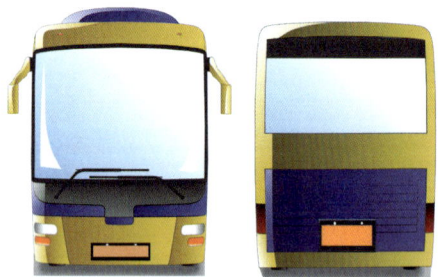

第三节 轮胎的合理使用

轮胎是车辆行驶系的主要部件，其性能的优劣，直接影响车辆的牵引性、通过性、制动性、稳定性和舒适性。合理使用轮胎，延长轮胎的使用寿命，可以降低成本和保证车辆正常运行。

(一) 影响轮胎使用寿命的因素

影响轮胎使用寿命的因素有轮胎气压、车辆装载、驾驶技术等。轮胎气压过高、前轮定位失准、严重超载或偏载、轮毂变形等，都会使轮胎磨损加剧，影响轮胎的使用寿命。

2. 车辆装载

道路运输车辆装载负荷大于轮胎的额定负荷时，会影响轮胎使用寿命和行车安全。车辆严重超载（超员），会加剧轮胎磨损，轮胎容易龟裂、爆胎。

3. 驾驶技术

轮胎的使用寿命与驾驶员的驾驶技术有很大关系。起步平稳、平缓制动的驾驶操作能延长轮胎的使用寿命。合理控制车速，既能让轮胎的使用寿命更长，又能节约燃料。汽车的轮胎使用速度要与最高设计车速相适应，高速行驶会使胎温急剧升高，胎体刚性增大，导致胎面磨损增加。

1. 轮胎气压

轮胎气压处于标准胎压时，轮胎使用寿命更长。轮胎气压过高，会使轮胎的胎冠磨损加剧，导致轮胎刚性增大。轮胎气压过低，会加剧轮胎的胎冠两侧磨损，导致胎面接地面积变大。对于双胎并装的车轮，双胎中一个轮胎气压过低，还会对另一个轮胎造成影响。

车辆行驶速度过快时，轮胎在路面上会产生滑移，导致轮胎磨损加剧。

(二) 轮胎的正确使用方法

车辆轮胎的正确使用方法有合理搭配轮胎、保持气压正常、防止超载偏载、轮胎更换与换位。

1. 合理搭配轮胎

轮胎搭配使用时，同轴不混装新胎和旧胎、同轴不混装高压胎和低压胎、同轴不混装子午线轮胎和斜交轮胎。同一车轴上装用的轮胎必须搭配合理，做到同厂牌、同规格、同花纹、同气压标准。一般情况下，新旧轮胎搭配时，各轮胎花纹磨损程度相差不超过3毫米。同一车轴

上高压胎与低压胎、新胎与旧胎不得混装。子午线轮胎有缓冲性能好、油耗比较低的特点，子午线轮胎和斜交轮胎不得混装。

选择轮胎时应综合考虑汽车的技术要求、承载和设计速度等指标。经常高速行驶的汽车不宜选用加深花纹和横向花纹的轮胎。经常低速行驶的汽车宜选用加深花纹或超深花纹的轮胎。不同制造厂的轮辋、新旧轮辋、挡圈和锁圈不得混装。经常在山区道路行驶的车辆应选择耐磨、稳定性好、散热好的轮胎。

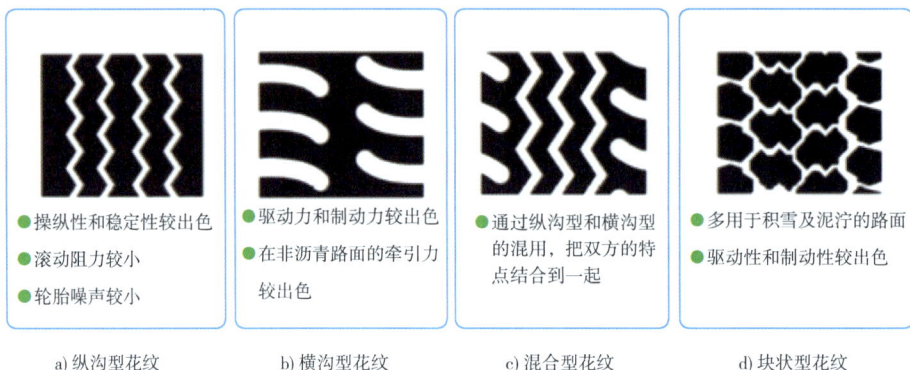

a) 纵沟型花纹	b) 横沟型花纹	c) 混合型花纹	d) 块状型花纹
●操纵性和稳定性较出色 ●滚动阻力较小 ●轮胎噪声较小	●驱动力和制动力较出色 ●在非沥青路面的牵引力较出色	●通过纵沟型和横沟型的混用，把双方的特点结合到一起	●多用于积雪及泥泞的路面 ●驱动性和制动性较出色

2. 保持轮胎气压正常

经常对轮胎气压进行检查和补气，保持正常的轮胎气压，是合理使用轮胎和延长轮胎使用寿命的最有效措施。

3. 防止超载、偏载

汽车载货载客必须严格遵守额定的载质量，不得超载超员，避免超出轮胎的额定负荷。

4. 轮胎更换与换位

道路运输车辆轮胎出现胎侧被扎、胎侧鼓包、胎面受损露出帘布层、轮胎气门嘴漏气、转向轮轮胎花纹深度低于3.2毫米、后轮轮胎花纹深度低于1.6毫米等情况时，需要更换轮胎。更换新胎时，要经过动平衡测试，调整合格后方可使用。汽车前轴换新胎时，要成双更换。

轮胎换位的目的是使轮胎磨损趋于均衡、延长轮胎的使用寿命、防止轮胎不正常磨损、提高行车的安全系数。常用的轮胎换位法包括交叉换位法、循环换位法、单边换位法等。

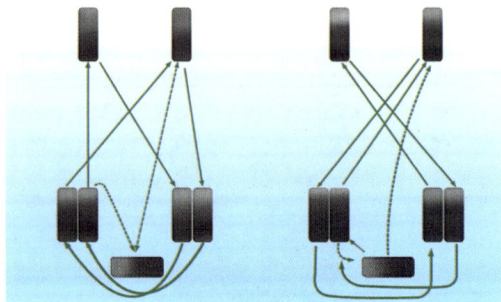

第四节 节能与环保技术

随着汽车保有量的不断增加，能源消耗、汽车尾气排放、噪声污染等给城市环境和人们生活带来了危害，严重危及人们的身心健康。节能环保，可以促进人与自然、人与社会和谐发展，造福社会，这是一项基本国策，也是道路运输驾驶员的绿色环保责任。

一 燃料消耗的影响因素

影响车辆油耗的因素有：车龄和车况、车辆的负载、天气和季节、道路交通情况等。车况和车型的选择，对于油耗的影响比较突出。

1. 车况对油耗的影响

空气滤清器滤芯部分堵塞时，油耗增加。发动机转速过低、过高、忽高忽低时，油耗都会增加。发动机保持中等转速时，油耗较低。行驶系中的轮毂轴承过紧、过松，前轮定位不准，轮胎气压过低（低于标定气压），都会使油耗增加。齿轮润滑油黏度、抗磨性及温度性能不符合

要求时，油耗会增加。

2. 车型选择对油耗的影响

选择车辆时要考虑节能环保的要求，根据车辆的用途、经常的运行环境、经常使用的工况因素科学选择。从事长途运输，选择经济车速高、底盘低、车身的流线型好的车辆。从事短途运输，选择经济车速低、加装导流罩、减少风阻的车辆。经常在山区道路行驶，道路崎岖、坡度大、行驶速度低，车辆配置要求为发动机输出转矩和比功率较大。

（二）汽车主要污染物的种类及危害

汽车排放污染已成为世界的一大公害，由于汽车数量的不断增加，城市的汽车尾气排放、噪声污染，给环境带来了较大的危害，严重危及人类健康。

1. 汽车污染环境的危害

汽车燃油发动机分为汽油机和柴油机两种，柴油机和汽油机相比，有压缩比大、热效率高、经济性好的特点。汽车发动机排放的主要污染物有：氮氧化物（NO_x）、碳氢化合物（HC）、一氧化碳（CO）、颗粒物（PM）。发动机排放的污染物中，会在大气中形成光化学烟雾，危害人体呼吸系统的是氮氧化物（NO_x）、碳氢化合物（HC）。发动机排放的污染物中，氮氧化物（NO_x）、二氧化硫（SO_2）在大气中会产生酸雨效应。柴油机排放的主要有害成分是氮氧化物（NO_x）、颗粒物（PM）。汽车排放的碳氢化合物，可引起人头晕、头痛、失眠，还可导致白血病、癌症。柴油机排放的污染物中，对人的眼睛和呼吸道危害很大的是颗粒粉尘。即使是完全燃烧产生的无毒气体二氧化碳（CO_2），也将加剧地球的温室效应。

道路交通噪声是城市环境噪声的主要组成部分，占到城市噪声的75%左右。交通噪声主要来自于运行的机动车辆，其中以汽车噪声的影响最大。汽车噪声一般都是60～90分贝的中强度噪声，主要来自于发动机噪声、轮胎噪声、喇叭声。

2. 降低排放污染的操作

正确维护车辆，合理控制车速，养成良好的驾驶习惯，能有效地降低汽车排放和噪声，减少空气和环境污染。车辆保持良好的技术状况，能有效地减少车辆的噪声和排放污染。尾气后处理装置，能够直接转化车辆尾气中有害气体。采用废气再循环装置的发动机，可以降低氮氧化物（NO_x）排放量。合理选用燃料、润滑油和轮胎等，可以降低燃油消耗，减少对生态环境的污染。按经济车速行驶、保持匀速行驶，排放的污染物最少。行车速度时快时慢时，车辆排放的污染物会增加。较长时间停车时，关闭发动机，可以节约燃油消耗，减少汽车噪声。

（三）节能与环保的驾驶操作方法

汽车的节能与环保驾驶操作，体现在正确起动发动机、发动机预热、平稳起步、合理使用挡位、车速控制、控制行车温度、平稳转向变道、正确停车熄火，合理使用空调、预见性驾驶等关键环节。节能驾驶以安全为前提，没有安全，节能就毫无意义。

1. 起动发动机

发动机起动有常温起动、冷起动、热起动三种。常温起动是指大气温度和发动机温度高于5摄氏度时，起动发动机不需要采取辅助措施。冷起动是指大气温度和发动机温度低于5摄氏度时，起动发动机。热起动是指大气温度和发动机温度高于40摄氏度时，起动发动机。每次起动发动机都会消耗较多的燃油，频繁起动发动机，会不断增加车辆的油耗。

2. 发动机预热

冬季低温条件下起步前，要预热发动机，使用预加热装置热车后起步的优点是可以降低油耗、减少发动机不正常磨损、有利于变速器变速齿轮的润滑、使燃油燃烧更充分。寒冷天气冷起动柴油机时，首先要开启发动机预热系统，充分预热后再进行发动机起动操作。增压发动机起动时，需要对发动机进行怠速预热1分钟以上。

3. 平稳起步

车辆平稳起步，既能使发动机不熄火，又能省油。平稳起步的关键在于操作驻车制动器操纵杆、离合器踏板和加速踏板的动作相互配合得当，如果手脚操作配合不当，会使汽车后溜、发动机熄火，增加油耗。起步后，缓慢提高发动机转速，均匀轻踩加速踏板，匀加速比急加速节油。

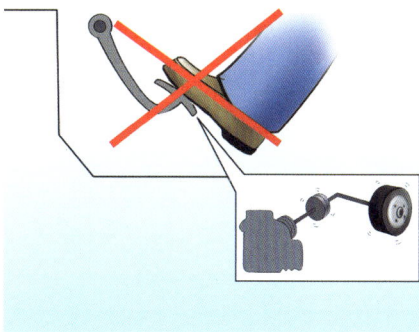

4. 合理使用挡位

车辆运行中，根据道路状况、交通流等交通特征的变化及时换挡，掌握好换挡时机，及时、准确换挡，保持发动机转速在经济区间。在道路条件较好、条件允许的路段，尽量使用高挡位。做到低速挡不超速，高速挡不缓行，合理带挡滑行。电喷发动机的车辆在滑行减速时，应该挂挡滑行。

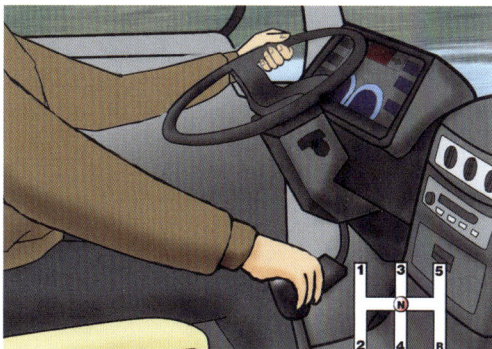

5. 车速控制

运输过程中，要根据道路状况、车辆载荷情况控制好车速，条件允许时，选择经济车速行驶，可减少燃油消耗。车辆达到经济车速后，尽量维持不变，车速在预期的速度频繁上下变化，油耗同样会增加。电喷发动机在转速高于设定转速，且加速踏板完全放开时，会自动切断燃油供给。

6. 控制行车温度

运输过程中，需要关注的行车温度包括冷却液温度、机油温度、齿轮油温度，其中发动机冷却液温度对车辆油耗影响最大。通常情况下，冷却液温度表读数在80～95摄氏度时，发动机油耗较低，转矩和功率较大。冷却液温度表读数达到100摄氏度时，需要停车或低速行驶，让发动机冷却液温度降到正常区域。

7. 平稳转向变道

行驶过程中，转向操作要平稳，变更车道和转弯时，平稳转向是既安全，又节油的驾驶方式。变更车道或转弯时，来回转动转向盘、快速转向、急加速，突然变

向或频繁变更车道，急转弯，都会造成燃油浪费。

8. 正确停车熄火

行车中需要停车等候时，提前滑行减速，尽量"以滑行代替制动"，避免滑行过早或过晚，停车时间超过1分钟，最好将发动机熄火。停车时，避免将车辆停放在上坡路段、积水路段、松软路面，以免再次起步增加油耗。非增压发动机的车辆经过高速或爬长坡行驶后，发动机温度很高，应使发动机怠速运转30秒以上后熄火。装有涡轮增压装置的车辆，停车后要让发动机怠速运转3～5分钟，才能熄火。

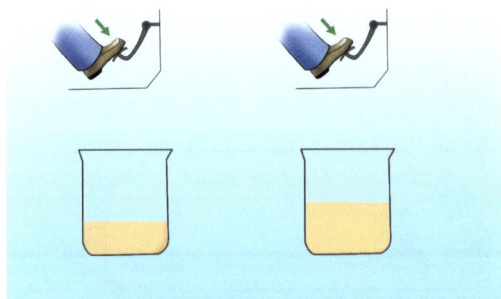

9. 合理使用空调

气温适宜，车速低于60公里/小时时，不要使用空调制冷功能，可打开车窗通风或者使用空调的通风功能。当车速超过80公里/小时，关闭车窗开启空调调节车内空气，但空调的温度不应设定过低。

10. 预见性驾驶

选择运输路线时，兼顾时间和距离的最优化，同时，考虑路段信号灯的多少，交通拥挤程度。在熟悉的城市里运输时，最好提前规划好行车路线，尽量避开火车站、学校、医院等繁华的路段。

咖啡馆
住宅
商场
开始

第五节　汽车新技术应用

汽车新技术进一步提高了汽车使用过程中的安全、节能与环保状况，远程信息服务功能。

一　汽车新技术

ABS、缓速器、废气涡轮增压技术、高压共轨技术、尾气后处理装置等。

1. ABS

ABS可保证车辆在任何路面紧急制动时，自动控制和调节每个车轮的制动力，防止车轮抱死。驾驶装有ABS的车辆时，使用行车制动时，应用力踩下制动踏板不放松。采取制动措施时，感觉到制动踏板发生振颤，是ABS正常的工作特性。

根据国家标准要求，车长大于9米的公路客车、车长大于9米的旅游客车、所有专用校车必须安装符合规定的ABS。

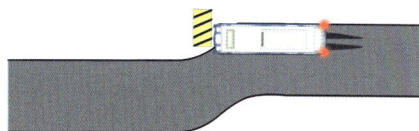

紧急制动时前轮抱死

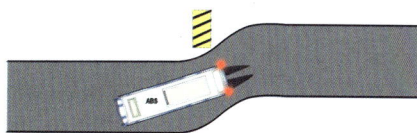

紧急制动时前轮未抱死

2. 缓速器

缓速器是一种有效的辅助制动系统，完全独立于行车制动系统，无论行车制动系工作与否都可有效减缓或降低车辆行驶速度，并可以长时间、高频率制动，增强了车辆的行驶安全性。缓速器适合汽车在

下长坡时使用，可以解决车辆频繁制动或者下长坡制动时，行车制动器因长时间工作而导致制动鼓和摩擦片过热，造成制动

效能下降，甚至制动能力丧失，给车辆安全性带来的严重威胁。

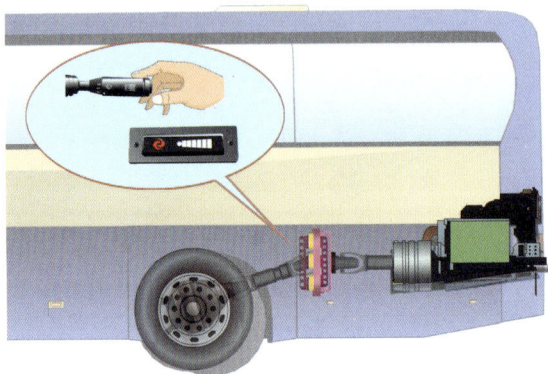

3. 废气涡轮增压技术

废气涡轮增压技术，是指通过涡轮回收部分发动机排气能量，驱动压缩机对发动机进气进行压缩，使小排量发动机获得更多的进气量，从而达到与较大排量自然吸气发动机相当功率水平的技术。废气涡轮增压发动机在保证相同额定功率时，排量与非增压发动机相比小，额定功率相同时，增压发动机比非增压发动机燃油经济性好。驾驶装有涡轮增压发动机的车辆时，应注意定期维护，合理选择机油（保证润滑有效），保持空气滤清器、机油滤清器清洁，停车后保持发动机怠速运转3~5分钟以上，才能熄火。

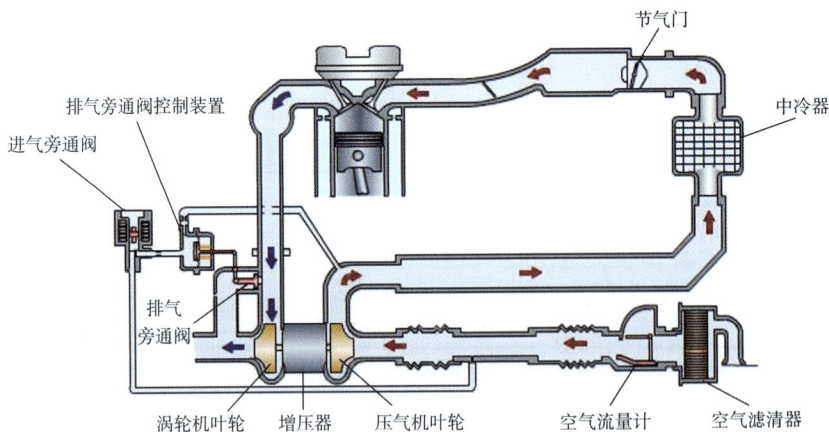

4. 高压共轨技术

高压共轨技术是指在高压油泵、压力传感器、共轨管、喷油器和电控单元组成的闭环系统中，将喷射压力的产生和喷射过程彼此完全分开的一种供油方式。高压共轨发动机克服了传统柴油机的缺陷，与传统发动机比较，高压共轨发动机的优势和优点在于提高燃烧效率、降低尾气排放、降低发动机噪声。

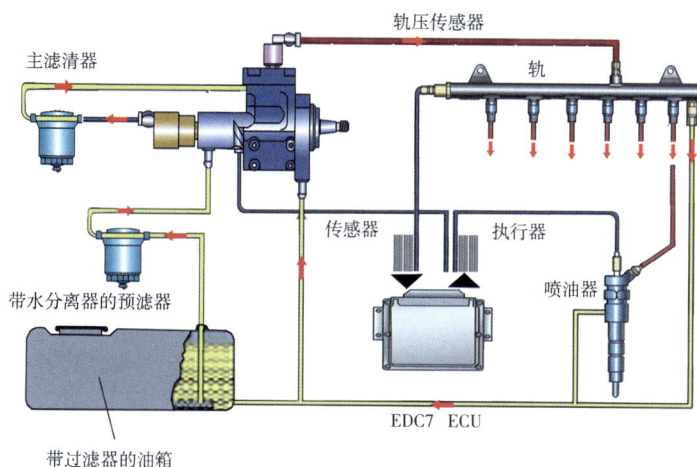

轨压传感器

轨

主滤清器

传感器　执行器

喷油器

带水分离器的预滤器

带过滤器的油箱

EDC7 ECU

5. 尾气后处理装置

尾气后处理技术是选择性催化还原技术（SCR技术），在原来的尾气净化系统的基础上，加装一套调节尾气处理液喷射量的喷射和控制系统（SCR系统）。尾气后处理装置，可以降低NO_x排放50%以上，能直接转化尾气中有害气体，而且可节省5%~7%的燃油消耗。

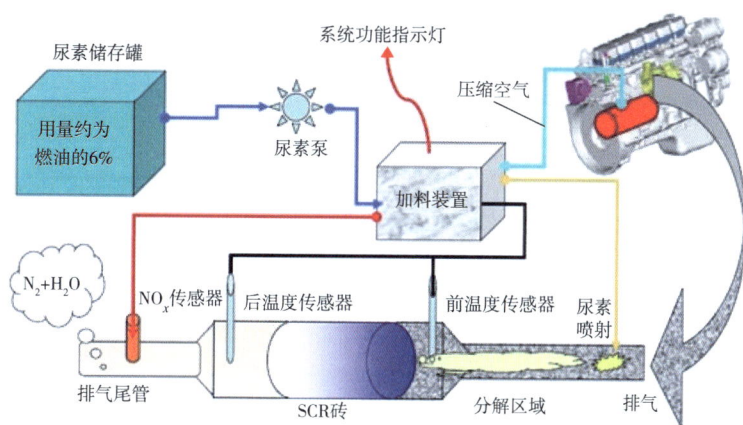

尿素储存罐

用量约为燃油的6%

系统功能指示灯

压缩空气

尿素泵

加料装置

N_2+H_2O

NO_x传感器　后温度传感器　前温度传感器　尿素喷射

排气尾管　SCR砖　分解区域　排气

（二）代用燃料的使用知识

代用燃料车的种类包括天然气汽车、甲醇汽车、乙醇汽车和液化石油气汽车。常见的两用燃料燃气汽车有压缩天然气汽车和液化石油气汽车两种。

1. 充装燃气

燃气汽车充装燃气前，驾驶员要配合加气人员检查气瓶及液位指示情况，充气

前关闭车上所有电气设备。充气时，不能

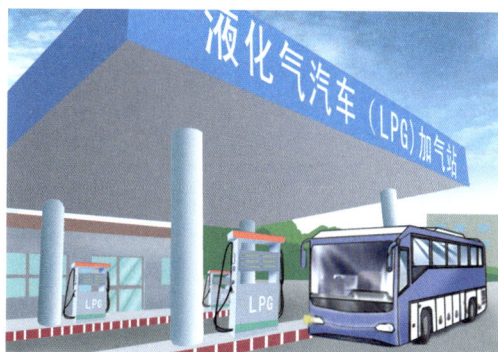

站在充气阀门正面。充气完毕,打开出液阀开关,检查系统是否有漏气现象。

2. 停车安全操作

燃气汽车需停驶超过10分钟,关闭手动气阀及电气总开关。每日收车后,要认真检查系统是否正常,关闭手动气阀及电气总开关,查看储气筒高压表的压力情况。燃气汽车停止行驶、停入车库或停车场时,要认真检查车辆停放周围有无明火火源或易燃、易爆物品,然后切断所有电源,关闭气瓶组合阀上的出气阀。

(三) 卫星定位系统等设备的应用

汽车新技术卫星定位系统,是加强道路运输动态监管、预防和减少道路运输事故、有效遏制重特大事故的重要工具。

1. 卫星定位系统安装要求

根据国家有关规定的要求,安装符合标准要求的卫星定位装置的道路运输车辆,可以接入全国重点营运车辆联网联控系统。已取得道路运输证但没有按照规定安装卫星定位装置或未接入全国联网联控系统的道路运输车辆,依据规定将被暂停营运车辆资格审验。道路运输企业应按规定配备专职人员监控车辆行驶动态,分析处理动态信息,对卫星定位系统监控到的违法驾驶信息要留存在案,至少保存1年。对不按规定使用、故意损坏卫星定位装置的单位和个人,要依照相关规定给予处理;造成严重后果的,依法追究企业负责人和相关责任人的法律责任。

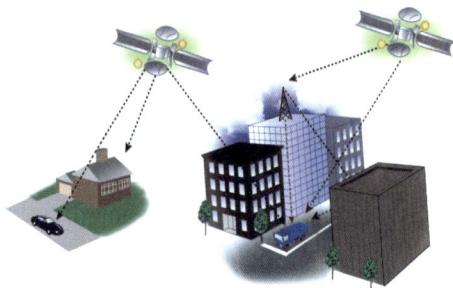

2. 卫星定位系统车载终端

卫星定位系统车载终端是指安装在道路运输车辆上满足工作环境要求,完成卫星定位系统对车辆控制功能的装置。具有自检、定位、通信、信息采集、行驶记录、监听、休眠、通话、警示等功能。警示功能分为人工报警和自动提醒。自动提醒功能,在驾驶员超速、疲劳驾驶时能及时进行提醒。

第六章 道路旅客运输应用能力

第一节 客运车辆安全检视

一 车辆外观检查

（1）轮胎气压及磨损、转向横直拉杆、前桥、车架；

（2）风窗玻璃、车灯和反光标志、外后视镜；

（3）燃油箱、行李舱门、备胎、号牌。

二 发动机舱检查

（1）润滑油、冷却液、风窗清洗液、制动液、管路；

（2）风扇传动带、蓄电池、高低压线路。

三 驾驶室及客车车厢检查

（1）仪表、转向盘自由行程、驻车制动器、变速器操纵装置、缓速器操纵装置；

（2）离合器踏板、制动踏板、加速踏板行程；

（3）安全带、内后视镜等安全设施及装置；

（4）行李架、车门、车内灯、应急门、栏杆、扶手、座椅、地板。

四 发动机起动后检查

（1）各仪表及报警灯工作状况；

（2）发动机有无异响，灯光及控制装置，喇叭按钮；

（3）风窗玻璃刮水器和洗涤器的工作状况。

五 中途停车时检查

（1）各部位油、液、气渗漏检查；

（2）轮胎气压及温度；制动鼓、轮毂温度；

（3）前后悬架、转向横直拉杆及转向臂各接头紧固情况；

（4）灯光及后视镜；备胎、安全设施及装置。

六 收车后的检查

（1）各部位油、液、气渗漏检查；

（2）风扇传动带的松紧度及磨损情况；

（3）轮胎气压及磨损；

（4）座椅、行李架、行李舱。

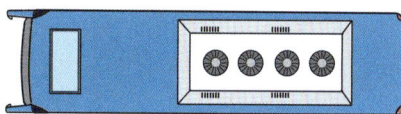

车辆在一般天气、雨天、雪天、雾天等条件下，通过高速公路、山区道路、桥梁、隧道等典型道路，以及在交叉路口、城乡接合部、上下坡道、冰雪路面等路段行驶时的危险源辨识与防御性驾驶。

通行量大，路口的交织点多，像一张网覆盖在路口上。

由于一些车辆和行人在路口违法通行，常常会发生车辆和车辆之间、车辆和非机动车或行人之间的碰撞。交叉路口一旦发生事故或者拥堵，加塞、抢行的车辆就会增多，使本来就秩序混乱的路口雪上加霜。不仅破坏了交叉路口的交通秩序，使路口交通阻滞，甚至会导致重大恶性交通事故的发生，严重威胁他人和自己的生命财产安全。

(一) 交叉路口危险源辨识与防御性驾驶方法

交叉路口车辆和行人交织在一起，是危险因素最多的地方，也是交通阻塞和交通事故多发地段。交叉路口的车辆和行人

危险源	防御性驾驶方法
有交通信号灯的路口	在有信号灯的路口前，减速慢行，注意信号灯的变化，服从信号灯或交通警察的指挥。红灯亮时要停在停止线外，黄灯亮没有进入路口时要在停止线外停车等待，绿灯亮时要迅速通过路口
无交通信号灯的路口	在无交通信号灯控制的路口，要减速慢行，注意避让车辆和行人。转弯时让直行车辆先行，直行时让右侧直行车辆先行。直行通过路口，要随时观察左、右方交通情况，右转弯车辆要注意礼让行人，左转弯车辆不要占用直行车道
铁路道口	通过铁路道口前减速降挡，用低速挡安全通过道口；进入道口后中途不能变换挡位。通过无人看守的铁路道口时，做到"一停、二看、三通过"
环岛路口	进入环岛，不用开启转向灯，要注意避让环岛内行驶的车辆，沿右侧驶入环岛。驶出环岛前，开启右转向灯，逐渐向外侧变更车道，遇有其他车辆不让时，要减速或停车等待，不得影响环岛内行驶的车辆
横穿的行人	在路口发现有人横穿时，迅速减速或停车避让，不得加速从行人前、后方绕过或与行人抢行，更不能鸣喇叭催促其让道。尤其要注意避让横穿路口的老年人和儿童
穿行的自行车	在路口缓行或者依次等候，看到自行车从车流间穿行时，要主动减速或停车避让，随时预防其突然摔倒，不得连续鸣喇叭警告或与自行车抢行
异常转弯车辆	遇到从左侧绕行的右转车辆或者从右侧左转的车辆，要注意观察其转向角度和行驶路线，做好避让准备。等前面车辆转弯后，再起步通过路口，不要赌气抢行或故意不让

危险源	防御性驾驶方法
路口拥堵	遇前方路口拥堵车辆停车排队等候或者缓慢行驶时，要依次排队停在路口以外等候，不要从前方车辆两侧穿插或者超越行驶，不得在人行横道、网状线区域内停车等候。路口前方道路堵塞时，不要进入路口
掉头车辆	路口掉头的车辆阻碍正常行驶时，注意减速或者停车避让。对违法掉头的车辆，要提防其突然制动或改变行驶路线，不要连续鸣喇叭催促或抢行
加塞抢行车辆	在拥堵的交叉路口遇有加塞抢行的车辆时，要保持平和的心态，注意避让，不要斗气、故意不让或采取危险的挤、别动作，以免发生刮碰和追尾事故
闯红灯的车辆	路口绿灯亮后，发现左右两侧有抢黄灯或闯红灯直行的车辆、右侧路口车辆抢黄灯或者闯红灯左转弯时，不要急于起步，更不要加速通过路口，一定要保持较大的距离安全避让
交通事故	遇到路口发生交通事故时，不要进入路口或从事故现场穿过。有交警在场时要服从交警指挥，没有交警在场时要选择远离事故现场的路线通过

（二）桥梁、隧道危险源辨识与防御性驾驶方法

道路上的桥梁、隧道种类很多，穿山的隧道、跨过江河的桥梁，还有一些单行桥、窄桥、简易桥等条件差的桥梁，存在很多行车安全隐患和事故陷阱，往往会被驾驶员所忽视。桥梁、隧道两端大都设有限制速度、限制高度、限制载质量、注意横向风等标志，提示前方存在危险因素。

危险源	防御性驾驶方法
跨江、跨河大桥	通过跨江、跨河大桥前，注意观察标志、标线，提前选定行驶路线，严格按标志限定的速度和标线行驶。行经江面、河口路段时握牢转向盘，预防横向风，避免车辆偏离行驶路线或翻车。雨雪雾天过桥，要减速行驶
窄桥、简易桥、单行桥	通过窄桥、简易桥、单行桥等条件差的桥梁前，注意桥头限制标志，停车观察桥面状况和桥对面交通情况，确认安全后，低挡匀速过桥，中途尽量避免停车或紧急制动，不能与其他车辆和行人抢行。雨雪雾天过桥，要做好防滑措施
漫水桥	通过漫水桥首先实地察明水深、流速快慢，结合所驾车辆涉水能力，决定是否通过。涉水前让乘车人下车步行过桥，下水后要稳住转向盘，不要加速猛冲。离开水面后低速行驶一段时间，并低速制动车辆多次，排出制动器内的水分，再转入正常速度行驶
单向隧道	距隧道入口前50米左右，开启近光灯，按标志上规定速度行驶。严禁在隧道内变更车道、超车和停车。到达出口时握稳转向盘，以防横向风引起车辆偏离行驶路线，驶出隧道后，在眼睛没有适应前，一定要减速慢行
双向隧道	进入隧道前注意通行信号，开启近光灯，严格遵守速度、高度、宽度限制。在隧道内沿中心线右侧通行，不要随意变更车道、超车和停车。驶出隧道后，待眼睛适应后再转入正常速度行驶

（三）山区道路危险源辨识与防御性驾驶方法

山区道路依山傍崖，环山修建，道路条件相对较差，情况复杂，险象环生。在山村道路上通行的车辆和行人，法制观念淡薄，安全意识差，危险因素多。雨天道路、冰雪路面、雾天道路行车更加艰难，危险丛生，有时甚至惊心动魄。在山区道路驾驶车辆，要充分考虑自然环境、道路条件、人的因素对行车安全的影响。根据各种道路和环境条件，控制好行车路线和行驶速度，对可能出现的危险要有充分的思想准备，提前考虑应对措施。

危险源	防御性驾驶方法
上坡路段	上坡路段提前判断坡度大小，可减挡保持足够的动力爬坡。跟车行驶要保持较大的距离，严禁超车。到达坡顶时，注意预防对面的视线盲区突然出现车辆而措手不及
下坡路段	下坡路段使用发动机的牵阻或缓速器控制车速，不要长时间使用行车制动，防止制动器温度升高造成制动失效而发生危险。下较陡的坡道，可选用低速挡。跟车行驶要与前车保持充足的安全距离，不得超车
狭窄路段、傍山险路	在傍山险路、窄路、窄弯等狭窄路段，要靠右侧低速行驶。右侧是深沟、险崖或峡谷时，留出足够的安全路面，不要往山下看，以免影响操作或引发危险。必要时，可请人在车下引导通过
限速路段	在有限速标志和强制减速警示标志的路段，严格按限速规定低速行驶，注意观察路面情况，发现异常情况及时减速或停车
危险路段会车	会车地点在弯道、悬崖或溪水旁等地势比较危险的路段时，要停车观察路基情况，确认安全后保持最小安全间距缓慢会车。在靠山一侧会车，尽量靠近崖壁，给对方来车留出足够的路面，做到"礼让三先"，安全会车
事故多发路段	在设有事故易发路段标志和多次发生死亡事故警示标志的路段，前方由于某种原因曾多次引发重大交通事故，要注意观察前方道路情况，减速行驶，谨慎驾驶，及时发现险情，遇到事故现场提前减速或停车
横向风路段	在隧道出口、凿开的山谷口、江面河口处，经常会遇到横向风。看到横向风标志或经过容易出现横向风的路段，要握稳转向盘，减速行驶。感到转向盘突然失控时，微量进行调整，不得紧急制动或迅速向逆风或顺风方向转动转向盘
施工、事故路段	遇前方路段上道路施工占道或因事故堵塞时，及时减速或停车观察，按照交通标志或警示牌上的提示通行，注意给施工和救险车辆留出通道
急转弯道	在地势险峻的窄道急弯路段，要集中精力，注意交通标志，低速行驶，尽量选择道路中间或靠山一侧安全行驶，勤鸣喇叭，密切注视弯道情况，随时预防对面来车。做到"减速、鸣号、靠右行"
落石路段	在有注意落石标志和经常发生塌方、泥石流的地段，要谨慎驾驶，注意观察山体一侧，尽量远离靠山一侧迅速通过，避免停车。一旦发现异常现象及时停车，不要盲目通过

续上表

危险源	防御性驾驶方法
易滑路段	在有易滑标志的路段，严格按限速规定行驶，不得超速行驶。遇到需要减速的情况要留有较大的提前量，一定要避免临近易滑路段时紧急制动
畜力车或牲畜	遇畜力车或牲畜，要在较远处鸣喇叭，并提前减速，不得急加速绕过或临近时鸣喇叭。发现牲畜抢道时，主动减速或停车避让，不可采取连续鸣喇叭的方式进行驱赶或加速绕过
雨天、雪天、雾天、结冰道路	雨天、雪天、雾天、结冰路面行驶，最高时速不能超过30公里/小时，会车、跟车行驶尽可能保留较大的行车间距。暴雨、大雪、浓雾天气，不要进山区道路行驶

（四）城乡接合部危险源的辨识与防御性驾驶

城乡接合部是交通管理最薄弱的地方，不遵守规定的车辆、行人较多，危险情况因素复杂且没有规律，属于事故多发地带。驾驶车辆从拥堵繁忙的市区进入城乡接合部，会感到不适应，驾驶员往往因急于赶路，加速行驶，忽视对行人和非机动车的观察，对行车安全十分不利，发生事故的概率较高。

危险源	防御性驾驶方法
行人、非机动车	遇到行人、非机动车不靠路边通行时，要减速并与行人和非机动车保持较大的距离，也可适当鸣喇叭提示。发现行人或非机动车突然横穿道路，要及时减速或停车避让，不得绕行通过
路边摊位	行驶到路边的摊位附近，要减速行驶，重点观察围在摊位周边的人群，尤其要注意玩耍的儿童和老年人。发现摊位边有人转身回头或招手时，要预防其突然横穿道路，同时注意道路对面情况
路上晒的粮食	在晒粮占道的路段，尽量在没有粮食的路面行驶。对面有来车或者晒粮人留出的路面不足，骑轧粮食通过时要保持低速。一侧车轮碾压粮食行驶时，要握紧转向盘，避免侧滑。另外，遇晒粮人设置的路面障碍物，要绕行通过
农用运输车、三轮车	发现超载、违法载人、稳定性差的农用运输车辆和三轮车不遵守法规、随意占道行驶、频繁变道、见空就钻时，要及时采取避让措施。跟车行驶要保持车距，随时预防农用运输车辆和三轮车突然转弯、掉头或停车
遇超载、超限车辆	交会、尾随超载、超限的大型货车，要注意观察其动态，保持较大的距离，预防货物突然掉落、爆胎偏驶、制动失灵、翻车等故障或事故。尤其要注意后视镜被货物遮挡的大型货车，不要随便超车
公交车	超越停在路边的公共汽车时，要减速慢行，与公交车保持较大的安全间距，注意避让超越公共汽车的非机动车或行人。接近公交车时，做好随时停车准备，预防行人和非机动车从公交车前突然横穿道路

（五）高速公路危险源辨识与防御性驾驶方法

高速公路上车速较快，路面状态、车辆动态、环境条件等都在不断变化，潜藏着各种各样的危险因素。驾驶车辆时，要仔细观察道路上的各种动态和路面情况，分析高速公路可能出现的危险情景，提前进行预测，做出正确判断，随时准备应对突发情况。

危险源	防御性驾驶方法
立交桥	行至立交桥，根据指路标志确认行驶路线。需要变道时距立交桥500米开始逐渐降速，平顺驶入预定车道。距出口50～100米时，减速慢行，开启右转向灯，进入匝道
下长坡路段	在下长坡路段行驶，要遵守限速标志，利用发动机牵阻控制车速，避免过多使用行车制动。跟车行驶，要与前车保持充分的安全距离。下长而大的坡道，要防止因车速太快无法控制而发生危险
弯道、匝道	在弯道和匝道行驶，要遵守限速标志规定的行驶速度，根据弯度握好转向盘，不得变更车道。匝道前方有车辆行驶时，要保持足够的安全间距，不得超车
加速车道	进入加速车道后，开启左转向灯，迅速将车速提高到60公里/小时以上，及时选择驶入行车道的时机。避免在加速车道上超车、减速或停车
减速车道	驶入减速车道后，注意观察车速表，并逐渐减速，使车速在进入匝道前减至40公里/小时或标志规定的速度以内。不得未经减速车道减速，直接从主车道驶入匝道
跟车距离	在高速公路跟车行驶，要严格遵守跟车距离规定，车速超过100公里/小时保持100米距离，低于100公里/小时不得少于50米距离，可利用安全距离确认路段进行判断
变更车道	在高速公路变更车道前，要注意观察后视镜，在变道一侧没有车辆通行的前提下，开启转向灯，逐渐变更车道。变道时要继续注意变道一侧的后视镜，预防高速行驶的车辆突然驶近
限速路段、易滑路段	在有易滑、限速标志和强制减速警示标志的路段，严格按限速规定行驶，不得超速行驶。特殊天气行车要遵守高速公路指示牌的限制速度提示
施工、事故路段	遇前方道路施工占道、因事故车道堵塞，或因自然灾害造成前方路段损坏正在维修时，按照交通标志或警示牌上的要求和提示减速行驶
事故多发路段	在设有事故易发路段标志和多次发生死亡事故警示标志的路段，前方由于某种原因曾多次引发重大交通事故，要减速行驶，谨慎驾驶，预防事故
违法占道的车辆	遇到长时间跨车道、在内侧路段低速行驶的车辆，要保持良好的心态，减速行驶，不要从两侧超越，更不能赌气采取非常手段
超速行驶、违法变道车辆	发现左侧超车道或右侧应急车道、路肩有超速行驶的车辆，要握稳转向盘及时减速，一旦右侧车辆突然向左或者左侧车辆突然向右变道，迅速采取制动减速措施，严禁向两侧车道转向躲避，做到：有理让无理，让速还让路

续上表

危险源	防御性驾驶方法
停在紧急停车带、路肩、行车道的车辆	遇到不明原因停在紧急停车带或者路肩的车辆，随时都要预防其突然起步向右转驶向行车道。遇到因故障或事故停在路边或行车道内的车辆，要及时减速，根据现场情况停车或绕行
行人、非机动车及横穿的动物	遇到违法进入高速公路的行人、非机动车和穿越的牲畜，要及时采取制动减速避让措施，不得急转转向盘躲避或者绕行，谨防车辆倾翻
破碎轮胎、路中货物、事故现场	突然遇到路面障碍、从车上掉下货物或遇到事故时，第一措施就是制动减速，尽量将车速降到最低，严禁急转转向盘躲避或者绕行
雨天、雪天、雾天、结冰路面	雨天、雪天、雾天及结冰路面行车，要严格按规定低速行驶，雨天防"水滑"，雪天防"侧滑"，雾天防"追尾"。行车中遇暴雨、大雪、浓雾天气，不要继续勉强行驶，应尽快设法到服务区停车或驶离高速公路

第三节 客运车辆节能驾驶

一 起步操作

1. 一次起动发动机

将变速器操纵杆至于空挡位置，踏下离合器踏板，打开点火开关，一次成功起动发动机。发动机起动后，缓抬离合器踏板，使其平稳结合，使发动机保持低中速运转。

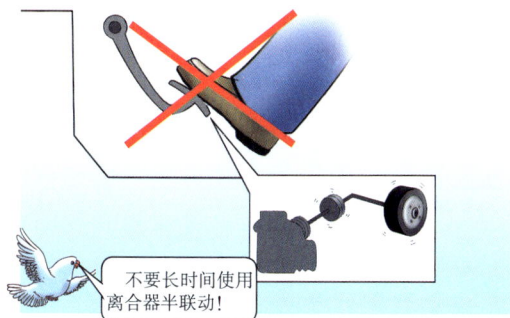

2. 平顺起步

发动机起动后1分钟之内起步，低速行驶1～2公里，冬天适当延长到3～4公里，待冷却液温度升高后再转入正常速度行驶。起步时，左脚将离合器踏板完全踩下，将变速器操纵杆置于起步挡（小型车

不要长时间使用离合器半联动！

选用一挡，大型车可选用二挡）位置，左手握转向盘，左脚松抬离合器踏板至半联动的同时，右手松放驻车制动器手柄，右脚适量轻踩加速踏板，左脚继续缓慢松抬离合器踏板，使车辆平稳起步。注意不得熄火或者踩下加速踏板过早、过晚。

二 车速控制

1. 尽快加速、加挡

车辆起步后，在道路和交通允许情况下，尽快从低挡换到高挡，动作干净、利索，无失误。尽快加速、加挡，避免抵挡高速行驶。要选择在发动机接近经济转速情况下加挡，做到及时、迅速、准确，不超前、不滞后，不猛踩加速踏板、避免发动机高速空转。上坡换挡要做到"高速挡不硬撑，低速挡不硬冲"，保持足够的爬坡动力。

2. 保持经济车速

车型不同、挡位不同，行驶中的经济车速也不同，挡位越高的经济车速行驶时油耗越低。换挡时要注意控制各个挡位的经济速度，轻踏加速踏板（缓加速）提速，及时加挡，尽量使用最高挡行驶，要将车速控制在60~90公里/小时经济车速以内，避免低挡高速或拖挡行驶。上坡时不要把加速踏板踩到底，以踩下1/3~2/3行

程为宜。

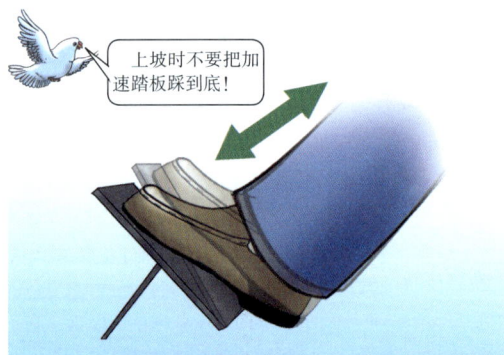

> 上坡时不要把加速踏板踩到底！

3. 合理滑行

车辆行驶中，发现前方有障碍、路口、人行横道、需转弯、会车、红灯等情况不能保持常速通行的路段，尽量少用或不用制动，提前松抬加速踏板，采用带挡滑行代替制动的方式，充分利用车辆的惯性和发动机的制动作用，实现减速通过或缓慢停车。

> 前方路口是红灯，应减速滑行！

三 制动、停车熄火

1. 制动减速

行车中，在保证安全的前提下，尽可能不用或少用制动器，相对减少制动和停车次数。减速时，轻踩制动器踏板缓慢减速，遇紧急情况应采用踩制动踏板"先急后松"的减速方法，即第一次先急速踩下制动踏板，接着松开制动踏板缓冲，第二次再踩下制动踏板，然后慢慢松开制动踏板。

板，缓慢将车准确停到预定位置。停车超过1分钟时，在不影响车辆正常通行的情况下，将发动机熄火。高速或爬长坡行驶后，发动机最好怠速运转30秒左右后再熄火。

2. 停车熄火

停车时，要根据停车位置的距离，提前抬起加速踏板，让车辆依靠行驶阻力滑行减速，即将停车前轻轻踩下制动踏